Ce Rapport a été tiré à 25 exemplaires numérotés de 1 à 25.

RAPPORT

SUR LES

TRAMWAYS DE SAINT-PAUL

(BRÉSIL)

N° 

RAPPORT

SUR LES

TRAMWAYS DE SAINT-PAUL

(BRÉSIL)

PARIS

IMPRIMERIE DES ARTS ET MANUFACTURES

12, Rue Paul-Lelong, 12.

—

Avril 1897

TABLE DES MATIÈRES

RAPPORT

(1) Le plan de la ville de Saint-Paul est annexé au rapport.

ANNEXES

Paris. — Société Anonyme de l'Imprimerie des Arts et Manufactures, 12, rue Paul-Lelong. — 1200-97.

RAPPORT

SUR LES

TRAMWAYS DE SAINT-PAUL

(BRÉSIL)

CONSIDÉRATIONS SUR LA SITUATION FINANCIÈRE DU BRÉSIL

Comme le taux du change joue, ainsi que nous le verrons au cours de cette étude, un rôle considérable dans toutes les entreprises industrielles et commerciales constituées au Brésil avec des capitaux étrangers, il nous a paru nécessaire de faire précéder l'examen de l'affaire qui nous occupe d'un exposé sommaire de la situation financière actuelle du pays.

Le Brésil, un des plus fertiles et des plus riches pays du monde, après la chute de l'Empire, le 15 novembre 1889, s'est constitué en République fédérative le 25 février 1892. Après quelques difficultés et quelques mouvements locaux, dus au brusque changement de régime, la situation de la République fédérale est aujourd'hui bien assise et l'avenir politique du pays complètement assuré.

Les divers Etats ont leur autonomie propre sous l'autorité d'un gouvernement central dont le siège est à Rio-de-Janeiro, capitale et municipe neutre, comme Washington est la capitale des Etats-Unis de l'Amérique du Nord.

D'après les évaluations les plus récentes, la population des Etats-Unis du Brésil est d'environ 16 millions d'habitants, pour une superficie de plus de 8 millions de kilomètres carrés.

Au point de vue financier la situation générale de la République du Brésil est bonne, la Dette peu importante et son service assuré.

2

Néanmoins le pays souffre d'une crise économique sérieuse due à une baisse du change sur laquelle nous croyons devoir fournir quelques explications.

L'unité monétaire du Brésil est le reis. On compte généralement par 1,000 reis et par millions de reis. Le million de reis s'appelle un « conto ».

Lorsque le change est au pair, le milreis est équivalent à 27 pence anglais ou à fr. 2,835. Il y a quelques années, le change était au pair et avait même dépassé le pair : aujourd'hui, pour les raisons que nous allons indiquer, le milreis ne vaut plus que 8 pence ou 0 fr. 84. Il n'est jamais descendu au-dessous de 7 pence [3].

D'après les renseignements que nous avons recueillis dans le pays, cette baisse du change doit être attribuée à deux causes principales :

La première est l'abolition de l'esclavage décrétée par l'Empire. Cette mesure, prise trop brusquement, a eu pour résultat immédiat d'augmenter dans des proportions énormes le prix de la main-d'œuvre, et d'obliger les propriétaires à abandonner leurs exploitations agricoles. Il en est résulté que la plupart des denrées d'alimentation ont dû être importées de l'étranger, ce qui a amené fatalement un drainage de l'or et la baisse continuelle du change. Après le désarroi de la première heure, les propriétaires se sont ressaisis, mais ont concentré tout d'abord leur activité sur la culture du café qui est la plus rémunératrice ; ce n'est que depuis un an ou deux que l'on commence à s'occuper des céréales et des fourrages, de façon à reconstituer la richesse agricole du pays.

Cette reconstitution déterminera nécessairement une hausse progressive du change et, s'il n'est pas encore possible de prévoir l'époque où il atteindra de nouveau le pair, il n'est pas imprudent d'affirmer qu'il ne tardera pas à remonter dans des proportions sensibles.

La seconde cause de la baisse du change est la fièvre de spéculation financière qui a sévi dans le pays, il y a trois ou quatre ans, et y a déterminé des catastrophes locales dont l'importance a été telle qu'elles ont eu leur retentissement en Europe. Cette crise, qui a amené la liquidation et la fermeture de la plupart des banques du Brésil, a forcé les établissements de crédit qui ont pu y résister à reprendre avec le concours de l'Etat toutes les grandes entreprises industrielles qui avaient été constituées dans le pays. Aujourd'hui la Banque de la République et l'Etat lui-même possèdent les plus grandes affaires du pays, chemins de fer, tramways, sucreries, etc., qu'ils cherchent à mobiliser successivement en les vendant ou en les affermant à des groupes financiers européens, de façon à introduire de l'or étranger dans le pays, tout en améliorant l'administration de ces différentes entreprises. C'est ainsi, par exemple, que les États-Unis du Brésil viennent de mettre en adjudication l'affermage du Chemin de fer central; cette opération fera entrer dans les caisses de l'Union une somme de 125.000.000 de francs en or qui permettra d'améliorer le taux actuel du change en le ramenant probablement à 12[d] par milreis.

Enfin, la révolte de la flotte brésilienne contre le gouvernement établi, révolte qui a duré plus de huit mois, a encore aggravé la situation financière du pays, qui vient d'être complètement affermie par la soumission des Etats du Sud, aujourd'hui définitivement reliés à l'Union.

Ces considérations sommaires sur la question du change étaient indispensables avant d'entreprendre l'étude de l'affaire qui nous occupe. Toutefois, dans le travail qui suit, nous avons basé nos évaluations sur le taux actuel du change, soit 8[d] ou fr. 0,84 par milreis, que l'on peut considérer comme un minimum.

DESCRIPTION DE LA VILLE DE SAINT-PAUL

La ville de Saint-Paul est la capitale de l'État du même nom, un des plus riches de ceux qui composent la République fédérale, car il produit, à lui seul, la moitié du café exporté par le Brésil.

Comme, d'après la Constitution, les droits d'exportation appartiennent à l'Etat qui exporte, tandis que les droits d'importation reviennent à la Fédération, on voit que la situation financière de l'Etat de Saint-Paul est plus prospère que celle de la plupart des autres Etats fédérés.

La ville de Saint-Paul, fondée par les Jésuites vers le milieu du XVIe siècle, a l'aspect d'une ville moderne; le développement prodigieux qu'elle a pris ne date que des vingt-cinq dernières années. Sa population qui n'était que de 25.000 âmes en 1872 est évaluée aujourd'hui à 250.000 âmes. Ce sont les Italiens qui fournissent actuellement le plus grand nombre des immigrants, car ils y représentent, en ce moment, les deux tiers environ de la main-d'œuvre totale.

Le plan de la ville ainsi que les différentes vues photographiques annexés à ce rapport permettront de se former une idée suffisamment exacte de l'importance territoriale de cette capitale et du développement dont elle est susceptible. On y construit environ 2.000 maisons par an.

La ville de Saint-Paul est située à 750 mètres au-dessus du niveau de la mer, à 60 kilomètres environ de Santos qui est son port naturel, et auquel elle est reliée par une ligne ferrée, exploitée par le « São-Paulo Railway Company » qui double actuellement sa voie, à cause de l'importance toujours croissante de son trafic.

L'administration des Douanes fédérales vient d'établir à Saint-Paul un entrepôt réel dont la création ne peut manquer de développer l'importance commerciale de cette capitale, en donnant de nouvelles facilités aux maisons de commerce qui ne seront plus obligées d'avoir à Santos des succursales pour le dédouanement et l'entrepôt des produits importés.

La ville de Saint-Paul est construite sur la rive gauche du Tiété, entre cette rivière et son affluent le Tamanduatehy. Son climat, qui est celui des hautes régions dans le voisinage des tropiques, est naturellement sain et convient bien aux Européens; la température y varie de 35° à — 1°, avec une moyenne annuelle de 19° environ.

La partie qui constitue la ville proprement dite est située dans la presqu'île formée par le confluent du Tamanduatehy et du Tiété, à une distance de près de 3 kilomètres de cette dernière rivière; les divers quartiers récemment construits prolongent la ville bien au delà de ces limites.

Le Tamanduatehy divise la ville en deux parties inégales : la partie occidentale qui comprend la ville proprement dite ou centre commercial, avec les quartiers de la Luz, de Santa-Ephigenia, de Consolação, de Santa-Cecilia, Campos Elyseos, Bom Retiro : et la partie orientale, plus basse, qui comprend le faubourg important du Braz et ses ramifications dirigées vers la Moóça, le Pary et la Penha.

Le faubourg du Braz, entre le chemin de fer de Santos, la rue de la Moóça et la « Varzea », a une étendue de 185 hectares environ.

Le quartier de la « Ponte Grande » en prolongement de celui de la Luz couvre 18 hectares construits. Le quartier du Pary, entre la Luz et le Braz, représente une surface de 95 hectares. Ce quartier se développe avec une rapidité extraordinaire.

La ville comprend aujourd'hui :

Vieille ville	90 hectares.
Nouvelle ville	207 —
Braz	185 —
Ponte Grande	18 —
Pary	95 —
	595 hectares.

La ville est séparée de son faubourg du Braz par la grande plaine du Tamanduatehy, qui, depuis le pont de Luiz Gama au sud jusqu'au Tiété au nord, mesure 3.890 mètres de longueur avec une largeur moyenne de 480 mètres. Cette plaine, aujourd'hui drainée et assainie, est coupée transversalement par plusieurs remblais ; elle a, comme cotes, en son point le plus bas, au Tiété, 718^{m}837, et au pont « Luiz Gama », 722^{m}144, ce qui équivaut à une différence totale de niveau de 3^{m}273.

La vieille ville est construite sur une colline dont la configuration est assez accidentée ; les rues y sont courtes et étroites (8 à 12 mètres de largeur), bordées de maisons à un ou à deux étages. Les places sont peu nombreuses et de faible étendue : les plus importantes sont celles du Palais Municipal et de S. Bento.

Dans la ville nouvelle, les rues les plus importantes sont et la rue São João qui a 2.465 mètres de longueur et 12 mètres de largeur ; et la rue des Bambus ou du Visconde de Rio Branco qui a 1.885 mètres de longueur avec une largeur de 12 à 13 mètres. Ces rues, tracées suivant la direction des vents dominants, c'est-à-dire du sud-est au nord-ouest, sont coupées par plusieurs rues transversales dont la plus importante est la rue Aurora qui a une longueur d'un kilomètre.

Les villas, les hôtels particuliers, les chalets, les maisons riches que l'on rencontre dans la plupart de ces rues leur donnent un aspect moderne de grande élégance.

Dans le faubourg du Braz, les rues les plus longues courent parallèlement à la plaine de Tamanduatehy suivant la direction du sud-est au nord-ouest ; elles ont une largeur de 15 à 20 mètres, les rampes sont très faibles et la longueur est presque toujours supérieure à un kilomètre; mais les constructions y sont généralement peu élevées et d'apparence beaucoup plus modeste que dans la ville proprement dite.

CONCESSIONS DES TRAMWAYS DE SAINT-PAUL

Les diverses concessions de transports en commun de la ville de Saint-Paul sont aujourd'hui concentrées entre les mains de la Compagnie Pauliste de Transports (Companhia Viação Paulista) qui, en dehors de cette exploitation, possède également les tramways de Santos.

La Compagnie Pauliste de Transports a successivement absorbé la Compagnie Carris de Ferro de Saint-Paul, la Compagnie Pauliste de Transports et la Compagnie Ferro Carril de Saint-Paul.

Les différentes concessions qui régissent son exploitation sont :

1° Contrat du 12 avril 1871 entre le président de la province de Saint-Paul et l'ingénieur, M. França Leite, fondateur de la Compagnie Carris de Ferro de S. Paulo, contrat modifié le 29 novembre de la même année et complété, quant aux prolongements de certaines lignes, par celui du 20 août 1879;

2° Contrat du 2 avril 1889, entre le président de la province de Saint-Paul et J.-M. de Azambuja et F.-A. de Souza Paulista, qui, après avoir commencé la construction de leur réseau, vendirent, le 17 septembre 1890, leur concession à la Compagnie Pauliste de Transports;

3° Contrat du 13 mars 1890, ratifiant celui du 4 avril 1889 passé entre le gouvernement de l'Etat de Saint-Paul et la compagnie Ferro-Carril de Saint-Paul, cessionnaire de Fernand Dumoulin et Victor Nothmann.

Ces contrats ont été autorisés par les lois provinciales suivantes :

N° 11 du 9 mars 1871
N° 44 du 27 mars 1887
N° 18 du 18 février 1889
et N° 19 du 20 février 1889.

Nous donnons aux annexes la traduction complète de ces divers contrats, et nous nous bornerons ici à en faire un examen rapide.

Ce qui frappe à première vue à la lecture de ces contrats, c'est que, pour le premier, la concession n'a plus que vingt-quatre années à courir, tandis que pour les deux autres il reste encore quarante-deux ans de monopole.

Toutefois, à l'expiration des concessions, rien ne fait retour à la ville et la Compagnie conserve non seulement la propriété de son matériel, de ses usines et de ses dépôts, mais encore l'usage exclusif de ses voies avec le droit de continuer son exploitation sans qu'un nouveau concessionnaire puisse user de ses lignes pour lui faire concurrence.

Le monopole de transports sur rails accordé à la Compagnie actuelle ne s'applique pas seulement aux personnes mais encore aux marchandises; toutefois la Compagnie Pauliste de Transports n'a, jusqu'à présent, rien fait à cet égard, faute de fonds de roulement et de matériel suffisants.

La Compagnie pourrait, cependant, faire avec avantage le transport des bagages et des marchandises qui n'est assuré actuellement que par de mauvaises charrettes, à un prix très élevé. A Rio-Janeiro la Compagnie des Carris Urbanos fait une recette considérable du chef du transport des marchandises de toute nature, transport qu'elle assure presque exclusivement.

Les charges des contrats de concession de la Compagnie Pauliste de Transports sont presque nulles. En dehors de l'obligation d'entretenir en bon état le pavage de la rue dans l'entrevoie, et à $0^{m}25$ de chaque côté de la voie, obligation qui existe dans tous les cahiers de charges de tramways au Brésil et ailleurs, la Compagnie a comme seule charge le transport gratuit des dépêches, des facteurs de la poste et de quelques fonctionnaires.

Quant aux impôts et contributions ils sont relativement peu élevés puisqu'ils n'atteignent, pour l'année 1896, qu'une somme d'environ 19.000 francs, soit moins de 1 °/₀ de la recette.

Il convient, en outre, de remarquer que tous les contrats de concessions ont été passés, non pas avec la municipalité de la ville, mais avec l'État de Saint-Paul, ce qui leur donne plus de stabilité et ouvre en tout cas beaucoup moins la porte à l'arbitraire. Les autres clauses des différents contrats de concessions ne donnent lieu à aucune observation spéciale.

En résumé, la Compagnie Pauliste de Transports a un monopole de droit pendant 24 et 12 ans, mais en réalité son monopole est illimité, puisqu'il lui suffira de développer ses lignes au fur et à mesure de l'extension de la ville pour empêcher qu'à l'expiration de ses contrats un tiers puisse venir s'installer à côté d'elle pour lui faire une concurrence quelconque.

Cette situation offre un avantage considérable au point de vue de l'amortissement du capital d'achat de l'affaire et du nouveau capital qu'il faudra y ajouter pour la transformation électrique. On pourra, en effet, exploiter en faisant des réserves normales et en se bornant à l'entretien du matériel des usines et des voies.

D'après les renseignements qui nous ont été donnés, il serait en ce moment possible d'unifier la durée des trois concessions en les portant toutes trois à une moyenne de quarante ans, par exemple, comme monopole, en conservant tous les avantages des premiers contrats, qui assurent à la Compagnie la continuation de son exploitation après l'expiration du monopole. Cette unification ne pourrait s'obtenir que si la Compagnie s'engageait à transformer, dans un délai raisonnable, son mode de traction actuel en traction électrique.

DESCRIPTION DU RÉSEAU

Voies. — Les différentes lignes de tramways actuellement exploitées à Saint-Paul par la Compagnie Pauliste de Transports ont une longueur totale de........................ 68 kil. 623 mètres.

Ces lignes comprennent :

Voies doubles........................	10 kil. 115 mètres.
Voies de garage........................	8 — 412 —
Longueur totale des voies exploitées......	87 kil. 150 mètres.
Voies abandonnées....................	3 — 755 —
Longueur totale installée................	90 kil. 905 mètres.

La largeur de la voie est de 1m05 entre les champignons. Toutes les lignes avaient été primitivement établies en rails Vignole, les uns à champignons, les autres à rebords. Depuis quelques années la Com-

pagnie a remplacé tous ces rails par des rails en acier à ornière et à patin de Koppel du poids de 20 kilogrammes en moyenne.

En dehors de quelques courbes d'un rayon de 13 mètres et qui peuvent, comme nous nous en sommes assuré, être pour la plupart rectifiées, l'établissement de la ligne est normal. Il y a quelques rampes assez fortes mais de peu de longueur. Une seule de ces rampes a une importance réelle (rue de la Gloria, 7 ½ % sur 400 mètres de longueur): mais elle peut être modifiée, d'accord avec la municipalité, et remplacée par une ligne en courbe ayant une longueur de 600 mètres environ.

La voie actuelle est bon état d'entretien normal.

Le nombre des lignes est de 27: nous en donnons le détail aux annexes. Beaucoup de ces lignes chevauchent les unes sur les autres, et, pour un certain nombre, le parcours d'aller n'est pas absolument le même que celui du retour qui se fait par des rues différentes. On trouvera à la fin de ce rapport la liste de ces diverses lignes avec leurs longueurs tant à l'aller qu'au retour.

L'horaire adopté a été établi en vue de la traction par mules et en tenant compte de la situation des dépôts où se trouvent les mules.

Matériel. — Le matériel de la Compagnie de Saint-Paul se compose de 150 voitures pour voyageurs dites *jardinières*. Ces voitures sont des voitures ouvertes, sans impériales, à bancs perpendiculaires à l'axe de la voie et comportent en général 7 bancs de 4 places. Quelques voitures affectées à des services spéciaux n'ont que 4 bancs.

On trouvera aux annexes les vues photographiques des différents types de tramcars actuellement en usage à Saint-Paul.

En dehors de ces 150 voitures, dont 116 sont en service courant, et qui sont toutes en bon état d'entretien, la Compagnie possède 15 wagons plates-formes, 8 wagons de terrassement, 2 voitures spéciales pour l'administration et la gérance et 2 locomotives Baldwin pour la ligne de San Amaro dont l'exploitation est faite par la Compagnie Pauliste de Transports.

Tout l'ensemble de ce matériel est en très bon état d'entretien; la plus grande partie du matériel roulant a été d'ailleurs renouvelée l'année dernière par l'achat de voitures neuves et la réparation des anciennes.

Cavalerie. — La cavalerie se compose de 2.000 à 2.100 mules, qui assurent un parcours annuel de 4.268.675 kilomètres-voitures.

Sur ce nombre 1.600 à 1.650 mules sont en service journalier; les autres sont au repos ou au dressage, soit dans les prairies louées par la Compagnie, soit dans les dépôts. C'est grâce à ces importantes réserves que la Compagnie peut arriver à conserver toute sa cavalerie en parfait état d'entretien.

Dépôts. — En raison de l'étendue de son réseau et du grand nombre de ses lignes, la Compagnie Pauliste de Transports s'est vue forcée de constituer un grand nombre de dépôts qui l'ont obligée à des immobilisations de fonds considérables. Ces dépôts, qui sont au nombre de dix, sont indiqués sur le plan que nous joignons à notre rapport; ils sont bien établis, bien entretenus et ne demanderaient aucune modification si l'on conservait la traction animale.

SITUATION FINANCIÈRE
DE LA COMPAGNIE PAULISTE DE TRANSPORTS

L'étude de la situation financière de la Compagnie Pauliste de Transports comprendra :

1° L'évaluation de l'actif;

2° La discussion des résultats de l'exploitation actuelle.

Cette étude est basée sur les renseignements que nous avons pu recueillir sur place, ainsi que sur le Bilan et les comptes de Profits et Pertes qui ont été mis à notre disposition par le directeur de la Compagnie.

Afin de faciliter la lecture des sommes qui figurent dans ces comptes, nous avons donné en regard des reis les valeurs correspondantes en francs, calculées au change de 8^{d}, soit fr. 0,84 par milreis.

Bilan au 31 Décembre 1896.

ACTIF

	Rs	Fr.
Actions à émettre	Rs 3.000:000$000 ou	Fr. 2.520.000 »
Matériel fixe	5.461:815$475	4.587.925 »
Matériel roulant	691:715$073	581.040 66
Actif de la section de Santos	2.600:000$000	2.184.000 »
Immeubles et stations	1.956:676$843	1.643.608 55
Ateliers, outillage et accessoires	115:104$856	96.688 08
Nouvelle remise à Sainte-Cécile	144:483$270	121.365 95
Mules	441:840$000	371.145 60
Harnais et accessoires	121:842$461	102.347 65
Approvisionnements	125:365$329	105.306 88
Banque des Agriculteurs	18:720$560	15.725 27
Outils, meubles et accessoires	18:926$321	15.898 11
Effets à recevoir	9:698$330	8.146 60
Titres en portefeuille	1:260$000	1.058 40
Obligations en portefeuille (rachetées)	55:900$000	46.956 »
Compagnie Saint-Amaro	115:055$221	96.646 39
Avances au personnel sur traitement	8:147$254	6.843 69
Travaux sur terrains loués	34:817$571	29.246 76
Compte courant de Santos	19:867$850	16.688 99
Débiteurs généraux	27:182$387	22.833 21
Pedro Antonio Borgues	1:600$000	1.344 »
Droit de passage sur le viaduc	470:000$000	394.800 »
Dépôt des administrateurs	20:000$000	16.800 »
Municipalité	2:000$000	1.680 »
Traites endossées	262:220$000	220.264 80
Intérêts et escomptes	2:304$740	1.935 98
Cautionnements	70:100$000	58.884 »
Comptes de bénéfices de la section de Santos	233:207$465	195.894 27
Expéditeurs	269$000	225 96
Avances sur salaires	7:167$900	6.021 04
Loyers à toucher	3:745$000	3.145 80
En caisse	5:768$164	4.845 26
	Rs 16.046:801$070 ou	Fr. 13.479.312 90

Bilan au 31 Décembre 1896.

PASSIF

Capital	Rs	12.000:000$000	ou Fr.	10.080.000	»
Bénéfices en suspens		415:436$473		348.966	65
Fonds de réserve		66:962$865		56.248	80
Joao Pinto Ferreira Leite		523:841$195		440.026	60
F. de Paulao Mayrink		597:570$972		501.959	61
Obligations		655:100$000		550.284	»
Dr. Lins de Vasconcelles (Avocat)		33:845$130		28.429	91
Compte courant		242:840$080		203.985	67
Matériel roulant Compagnie métallurgique		57:782$100		48.536	96
Effets à payer		678:152$480		569.648	08
A. Claudiano de Abreu		109:242$000		91.763	28
Cautionnements des employés		44:310$000		37.220	40
Créanciers généraux		160:036$760		134.430	89
Antonio Fontès		5:000$000		4.200	»
Rails Compagnie Sorocabano		7:334$000		6.160	56
Compagnie du chemin de fer de S. Paulo.		178$000		149	52
Cautionnement du directeur		20:000$000		16.800	»
Caisse de secours		11:586$820		9.732	93
Gratifications		11:323$260		9.511	54
Emprunts sur titres		70:100$000		58.884	»
Hypothèques		73:938$935		62.108	70
Endos		262:220$000		220.264	80
	Rs	16.046:801$070	ou Fr.	13.479 312	90

Propriétés immobilières de la Compagnie. — Nous compléterons les indications du bilan qui précède, en donnant le détail de l'actif immobilier de la Compagnie qui figure à ce bilan pour la somme de :

Rs 1.956:676$843 ou Fr. 1.643.608,55.

Cet actif comprend, outre les terrains et les bâtiments utilisés par la Compagnie pour ses dépôts et ses ateliers, quinze maisons construites dans la rue João Alfredo et dix-sept magasins construits dans un ancien dépôt de la Compagnie, le tout loué à des tiers à raison de :

Rs 11:533$333 ou Fr. 9.688 par mois
soit Rs 138:400$000 ou Fr. 116.256 par année.

Les immeubles de la rue João Alfredo sont bâtis sur des terrains abandonnés à la Compagnie par la municipalité moyennant une redevance annuelle de 350$000 reis (294 francs). Le revenu net des immeubles loués par la Compagnie est donc en nombre rond de :

Fr. 116.000 par an

représentant au taux de 8 0/0, une valeur immobilière de :

Fr. 1.450.000.

La Compagnie possède en outre les propriétés suivantes qu'elle utilise pour ses dépôts et ses ateliers :

Remise de Bom Retiro située dans la rue des Immigrants avec 64 m. 90 de façade et 82 mètres de profondeur.

Une maison avec une porte et deux fenêtres ayant 8 m. 20 de façade et 26 mètres de profondeur. Cette maison est occupée par le chef du dépôt.

Une maison N° 86 louée par contrat jusqu'à fin décembre 1897 à 115$000 par mois, ayant 10 mètres de façade et 32 mètres de profondeur.

Remise du Braz ayant une façade de 32 m. 30 sur l'avenue de l'Intendance, 286 m. 20 de profondeur; ce terrain a deux autres façades l'une de 116 m. 55 sur la rue Goyana et l'autre de 62 m. 60 sur la rue du Progrès.

Dépôt de voitures du Braz ayant 29 m. 50 de façade sur l'avenue de l'Intendance, 54 m. 25 de profondeur.

Baraquement pour les ouvriers situé dans la rue José de Alencar, ayant 22 m. 10 de façade et 49 mètres de profondeur.

Terrain de la rue José de Alencar ayant 33 m. 30 de façade et 47 m. 50 de profondeur.

Remise de Sainte Cécile ayant 33 mètres de façade sur la rue Docteur Abranches et 60 mètres de façade sur la rue Jésuino Paschoal.

Bâtiments des Ateliers, 100 mètres de façade sur la rue Glycério et 105 m. 70 de profondeur, le terrain est limité par la rivière Tamanduatehy.

Remise et Terrain de Cambucy ayant 120 m. 50 de façade sur la rue de Lavapès et 300 mètres de profondeur, ce terrain est limité par la rivière Tamandatuehy.

Terrain à côté de l'avenue de l'Abattoir à Liberdade ayant 20 mètres de façade et 50 mètres de profondeur.

Examen du bilan. — En décomposant les chiffres de l'actif et du passif, il est facile de voir que la Compagnie se trouve dans une situation financière embarrassée.

Nous trouvons en effet au Passif les sommes suivantes :

MM. Pinto Leite.........	Rs	523:841$195			Frs.	440.026 60		
Mayrink..........		597:570$972				501.959 61		
Vasconcellos......		33:845$130				28.429 91		
De Abreu..........		109:242$000				91.763 28		
Fontes............		5:000$000				4.200 »		
Comptes courants.........		242:840$080				203.985 67		
Cautionnements..........		44:310$000				37.220 40		
Emprunts sur titres.......		70:100$000				58.884 »		
Hypothèques.............		73:938$935				62.108 70		
	Rs	1.700:688$312	Rs	1.700:688$312	Fr.	1.428.578 17	Fr.	1.428.578 17
Effets à payer...........		678:152$480				569.648 08		
Créanciers généraux......		160:036$760				134.430 89		
Compagnie des chemins de fer de Saint-Paul.......		178$000				149 52		
Compagnie de Sarocabano.		7:334$000				6.160 56		
Compagnie Métallurgique de construction.........		57:782$100				48.536 96		
	Rs	903:483$340	Rs	903:483$340	Fr.	758.926 01	Fr.	758.926 01
Ce qui nous donne un total de........			Rs	2.604:171$652			Fr.	2.187.504 18
Auquel il faut ajouter :								
Obligations émises........	Rs	655:100$000			Fr.	520.284 »		
A déduire :								
Obligations rachetées.....		55:900$000				46.956 »		
Obligations en circulation.	Rs	599:200$000	Rs	599:200$000	Fr.	503.328 »	Fr.	503.328 »
La totalité du passif de la Compagnie s'élève donc à			Rs	3.203:371$652			Fr.	2.690.832 18

En regard de ce total nous ne trouvons à l'actif comme valeurs facilement réalisables que les sommes suivantes :

Approvisionnements......	Rs	125:365$329			Fr.	105.306 88		
Banque des Agriculteurs..		18:720$560				15.725 27		
Effets à recevoir.........		9:698$330				8.146 60		
Titres en portefeuille.....		1:260$000				1.058 40		
Avances sur traitements..		8:147$854				6.843 69		
Débiteurs généraux......		27:182$387				22.833 21		
Pedro Antonio Borgues..		1:600$000				1.344 00		
Expéditeurs.............		269$000				225 96		
Avances sur salaires.....		7:167$900				6.021 04		
Loyers à toucher........		3:745$000				3.145 80		
En caisse...............		5:768$164				4.845 26		
	Rs	208:823$917	Rs	208:823$917	Fr.	175.496 11	Fr.	175.496 11

D'autres parties de l'actif sont d'une réalisation moins facile ; ce sont les articles suivants :

Compte de San-Amaro....	Rs	115:055$221			Fr.	96.646 39		
Compte courant de Santos.		19:867$850				16.688 99		
Compte bénéfice de Santos.		233:207$465				195.894 27		
	Rs	368:130$536	Rs	368:130$536	Fr.	309.229 65	Fr.	309.229 65

On voit que l'actif réalisable de la Compagnie de Saint-Paul est notablement inférieur à son passif exigible : c'est ce qui explique, comme on le verra plus loin, dans l'examen que nous ferons des comptes de Profits et Pertes, que cette Compagnie est dans l'impossibilité absolue d'exploiter économiquement sa concession.

En effet, non seulement elle n'a pas de fonds de roulement mais elle doit encore prélever sur ses recettes les sommes nécessaires pour payer l'intérêt de ses dettes, et recourir au crédit pour faire ses approvisionnements de fourrages, et solder les dépenses d'entretien de sa voie et de son matériel.

Or, au Brésil, l'intérêt de l'argent est extrêmement élevé : et il n'est pas rare de voir des Compagnies, même parfaitement solvables, payer 12, 15 et jusque 18 °/ₒ d'intérêt annuel. Il en résulte que si la Société Pauliste de Transports n'arrive pas à trouver les fonds qui lui sont nécessaires pour liquider son passif, elle continuera pendant longtemps encore à végéter, sans arriver à rémunérer ses actionnaires, bien que l'entreprise possède en elle-même tous les éléments qui pourraient en assurer le succès, ainsi que nous le verrons bientôt en discutant le compte de Profits et Pertes.

RÉSULTATS DE L'EXPLOITATION ACTUELLE

Progression des Recettes.— Les recettes d'exploitation avaient été en :

1888....................	de Rs	394 : 441 $ 200
1889....................	—	455 : 483 $ 600
1890....................	—	577 : 321 $ 800
1891....................	—	877 : 897 $ 600
1892....................	—	1.088 : 714 $ 900

A partir de 1892 la fusion de la Compagnie de Transports et du

Ferro Carril de Saint-Paul avec l'ancienne Compagnie Carris de Ferro de Saint-Paul porte les recettes pour :

1893....................	à Rs	1.633 : 463 $ 100
1894....................	—	1.736 : 768 $ 300
1895....................	—	2.026 : 608 $ 500
1896....................	—	2.490 : 771 $ 828

Les deux premiers mois de 1897 ont donné :

Janvier 1897................	Rs	228 : 192 $ 800
Contre 1896 janvier..........	Rs	196 : 445 $ 600

Dans les vingt-huit premiers jours de février :

1897.............	Rs	203 : 294 $ 700
Contre 1896............	—	191 : 770 $ 700

Si l'augmentation des recettes a été moins forte en février qu'en janvier, c'est qu'en 1897 le carnaval tombait en mars, tandis que l'année dernière il était en février.

Les recettes de 1896 correspondent aux chiffres suivants :

Au change de :

	8d	9d	10d	11d	12d
	Fr.	Fr.	Fr.	Fr.	Fr.
Recette totale d'exploitation	2.092.240	2.353.770	2.615.300	2.876.830	3.138.360
Recette par kilomètre.....	30.500	34.300	38.100	42.000	45.800
Recette par kilom.-voiture..	f. 0.49	f. 0.55	f. 0.61	f. 0.67	f. 0.73

Il est à remarquer que ces recettes sont effectuées avec de très petites voitures de vingt-huit places, presque toujours pleines, c'est-à-dire avec un matériel insuffisant.

Le mode de perception est également très défectueux et favorise la fraude dans de très grandes proportions.

Dépenses d'exploitation. — Nous donnons ci-dessous en francs le compte de Profits et Pertes de l'exercice 1896 tel qu'il nous a été fourni par le directeur de la Compagnie.

DÉBIT

	Dépense annuelle	Dépense par [illegible]
	Fr.	Fr.
Fourrages	625.900	0.14 66
Salaires	778.800	0.18 25
Ferrage	23.800	0.00 55
Graissage	21.100	0.00 50
Entretien des voies	10.700	0.00 25
Fabrication harnais et accessoires	19.500	0.00 45
Eclairage	21.100	0.00 49
Impôts et contributions	19.000	0.00 43
Achat de mules	23.900	0.00 55
Location et entretien pâturages	15.600	0.00 36
Frais généraux	31.600	0.01 42
Dépenses diverses	16.900	
Créances litigieuses	1.025	
Direction	11.100	
Construction du matériel roulant	159.500	0.03 75
Intérêts et escomptes	134.975	0.03 15
Bénéfices	274.600	0.06 48
Fr.	2.189.400	0.51 25

CRÉDIT

	Recette annuelle	Recette par [illegible]
	Fr.	Fr.
Recettes voyageurs	1.951.900	0.45 72
Recettes bagages	8.190	0.00 19
Recettes extraordinaires	75.360	0.01 76
Recettes éventuelles	56.790	0.01 33
Locations	97.160	0.02 25
	2.189.400	0.51 25
Fr.	2.189.400	0.51 25

Nous nous sommes assuré, par l'examen des livres et de la comptabilité, que les chiffres portés à ce compte sont conformes aux écritures. Il en résulterait donc que les bénéfices de l'année 1896 ne se seraient élevés qu'à 274.600 francs. En réalité, le bénéfice d'exploitation est notablement plus élevé, ainsi qu'il est facile de le vérifier en discutant les différents éléments du compte de Profits et Pertes.

Nous commencerons tout d'abord par écarter de ce compte les locations et l'affermage du domaine particulier de la Compagnie dont nous nous occuperons plus loin.

D'autre part, nous porterons à un article spécial la construction du matériel roulant qui aurait dû figurer au compte de premier établissement et nous ne comprendrons pas dans les dépenses d'exploitation les intérêts et escomptes qu'il n'y aurait pas lieu de payer si la Compagnie n'avait pas de dettes et disposait d'un fonds de roulement suffisant.

Afin de pouvoir établir le compte d'exploitation sous la forme adoptée par la plupart des Compagnies de Tramways, il est nécessaire de décomposer la dépense de main-d'œuvre portée en bloc pour la somme de 778.800 francs, et d'en faire la répartition entre les différents services au prorata du personnel affecté à chacun d'eux.

La somme de 778,800 francs comprend le paiement :

Des employés de bureau et des contrôleurs au nombre de	70
Des conducteurs..	143
Des cochers..	193
Des palefreniers et hommes d'équipe....................	195
Des mécaniciens, charpentiers et peintres	94
Du personnel employé à l'entretien de la voie..........	95
Du personnel de réserve................................	84
Soit en totalité.......................	874

Afin de faciliter les calculs, nous supposerons des salaires égaux, ce qui correspond à un chiffre de 891 francs par tête et par an.

Le compte d'exploitation pourra alors s'établir de la manière suivante :

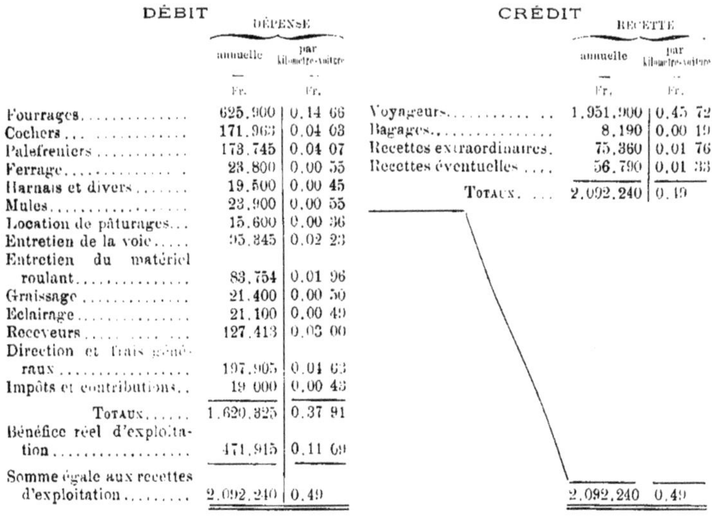

DÉBIT

	DÉPENSE annuelle	DÉPENSE par kilomètre-voiture
	Fr.	Fr.
Fourrages.............	625.900	0.14 66
Cochers...............	171.963	0.04 03
Palefreniers...........	173.745	0.04 07
Ferrage...............	23.800	0.00 55
Harnais et divers.......	19.500	0.00 45
Mules.................	23.900	0.00 55
Location de pâturages...	15.600	0.00 36
Entretien de la voie.....	95.845	0.02 23
Entretien du matériel roulant...............	83.754	0.01 96
Graissage..............	21.400	0.00 50
Eclairage..............	21.100	0.00 49
Receveurs.............	127.413	0.03 00
Direction et frais généraux.................	197.905	0.04 63
Impôts et contributions..	19 000	0.00 45
Totaux......	1.620.825	0.37 91
Bénéfice réel d'exploitation................	471.915	0.11 09
Somme égale aux recettes d'exploitation.........	2.092.240	0.49

CRÉDIT

	RECETTE annuelle	RECETTE par kilomètre-voiture
	Fr.	Fr.
Voyageurs.............	1.951.900	0.45 72
Bagages...............	8.190	0.00 19
Recettes extraordinaires.	75.360	0.01 76
Recettes éventuelles	56.790	0.01 33
Totaux. ...	2.092.240	0.49
	2.092.240	0.49

Sur le bénéfice réel d'exploitation de .... Fr. 471.915
la Compagnie a prélevé :

Construction du matériel roulant .... Fr.	159.500	
Intérêts et escomptes	134.975	
En totalité	294.475	294.475
laissant un solde disponible de .... Fr.		177.440
auquel il faut ajouter montant des locations d'immeubles...		97.160
Total égal au solde du Compte de Profits et Pertes....		274.600

Les bénéfices réels d'exploitation de l'année 1896 réalisés par l'administration actuelle, sans fonds de roulement et sans contrôle sérieux de la recette, s'élèvent donc à **471.915 francs**.

Nous allons examiner chacun des chiffres de ce compte d'exploitation, pour montrer comment, avec une administration sérieuse et un fonds de roulement suffisant, on peut à Saint-Paul améliorer les résultats de l'exploitation, même en conservant la traction animale.

Fourrages. — Les fourrages, qui sont portés pour 625.900 francs, sont achetés à terme au moyen d'emprunts et en passant par plusieurs intermédiaires. D'après les renseignements pris sur place auprès de personnes compétentes, nous croyons qu'on peut réaliser sur le prix d'achat de ces fourrages, en les payant au comptant et en les achetant directement, une économie d'au moins 15 %, soit **93.885 francs**.

Cochers et palefreniers. — Il est facile de voir que le nombre des palefreniers est hors de proportion avec celui des cochers, et qu'il est possible de réaliser sur ce chapitre de dépenses une économie importante que nous n'indiquons que pour mémoire.

Ferrage, harnais, mules, location de pâturages. — Sans observations.

Entretien de la voie. — La dépense de 0 fr. 0223 par kilomètre-voiture est excessive et comprend évidemment les dépenses de construction, qui, d'après ce que nous savons, ont été faites dans le courant de l'exercice 1896. D'après nous, ce chiffre serait réduit de moitié dans une exploitation normale. L'économie à réaliser doit être évaluée à **45.000** francs au minimum.

Entretien du matériel roulant. — La dépense de 83.754 francs pour 146 voitures en service est excessive, d'autant plus que les voitures employées sont du type « jardinière », par conséquent très légères, dont l'entretien est peu élevé. On peut admettre sur ce chiffre une réduction de **33.000** francs.

Graissage, éclairage. — Sans observations.

Receveurs. — Sans observations.

Direction et frais généraux. — Ce compte comprend, en dehors du personnel supérieur et de la Direction, 154 employés dont 84 figurent comme réserve *(sic)*. Il est évident que ce chapitre de dépenses est susceptible de très grandes réformes, et nous croyons être très modérés en admettant qu'on peut le réduire de 50 %, soit **98.900** francs.

Conclusion. — En résumé, nous considérons qu'avec une bonne administration on pourrait réaliser sur les dépenses de l'exercice 1896 les économies suivantes :

Fourrages.......................... Fr.	93.885
Entretien de la voie....................	45.000
Entretien du matériel roulant.............	33.000
Frais généraux	98.900
En totalité........	270.785
qui, ajoutés au solde réel du compte d'exploitation établi précédemment.............................	471.915
donneraient un bénéfice d'exploitation de...... Fr.	742.700

soit environ 35 % des recettes.

Ce chiffre ne peut pas paraître exagéré si l'on se reporte à l'opinion de M. Soares sur l'exploitation des tramways par mules au Brésil, et surtout si on le compare aux résultats obtenus par la Compagnie de Saint-Christophe à Rio qui, régulièrement administrée, exploite avec des éléments absolument locaux à environ 30 % de la recette.

Or, à Saint-Paul la main-d'œuvre est meilleur marché qu'à Rio, et les conditions générales de la vie y sont bien plus faciles.

TRANSFORMATION DE LA TRACTION ANIMALE EN TRACTION ÉLECTRIQUE

Après avoir déterminé le produit de cette entreprise telle qu'elle est constituée avec la traction animale, il nous reste à étudier les résultats qu'on pourrait en obtenir par l'emploi de la traction électrique.

Nous diviserons cette étude en deux parties: Devis des dépenses de transformation; Résultats de l'exploitation électrique.

DEVIS DE TRANSFORMATION DES TRAMWAYS DE SAINT-PAUL

Voies à construire.

Longueur kilométrique du réseau .... 68 kil. 623 m.

Ecartement de la voie .... 1 m. 1.05

Poids des rails.......................... 44 kil.

	Remploi du Pavé	Chaussée empierrée
En voie simple..........	35 k. 549 m.	33 k. 074 m.
En voie double, développée bout à bout..........	5 000	5 115
Supplément pour garages..........	4 206	4 206
Voie d'accès au dépôt..........	Mémoire	
Total..........	44 755	42 395
Total de la voie à construire..........	87 k. 150 m.	

RÉSUMÉ DU DEVIS

Voies. [1]

	PRIX de l'unité	TOTAL
44 k. 755 m. en chaussée pavée avec remploi des pavés..	30.700	1.373.978 50
42 k. 395 m. en chaussée empierrée (le pavage de la voie n'étant pas imposé)	25.000	1.059.875
Plus-value pour aiguillages, croisements, voie spéciale au kilomètre (évaluation sur 87 k. 150 m.	1.250	108.937
Voie d'accès au dépôt		10.000
Ces prix ne comprennent pas le transport et la douane.		
Total de la voie		2.552.790 50

Terrains et bâtiments.

15.000 m² Terrain		(mémoire)
5.780 m² Bâtiments (fondations jusqu'à 2 mètres de profondeur)	50	289.000
Travaux supplémentaires		33.000
Voie à l'intérieur du dépôt		50.000
Ligne aérienne à l'intérieur du dépôt		3.000
Total des terrains et bâtiments		375.000

Partie mécanique.

	Francs
5 machines à vapeur de 400 chevaux	250.000
10 chaudières de 160 mètres carrés de surface de chauffe	200.000
Tuyauterie générale	50.000
Pompes alimentaires et réservoirs	10.000
Rampes d'entourage	6.750
Réservoirs d'huile	4.000
Calorifuge général	4.000
Plancher complet de la salle des machines et chaudières	11.000
Réfrigérant avec pompe centrifuge	20.000
Fondations des machines à 2 mètres de profondeur (compris pierre de taille des machines)	30.000
Fondations des chaudières à 2 mètres	30.000
Cheminée avec parafoudre pour 2.000 chevaux	20.000
Fondations de la cheminée	5.000
Fumisterie et maçonnerie	40.000
Citerne pour l'alimentation et puisard pour purge	3.000
Montage et mise en route	25.000
Emballage	15.000
Courroies	17.000
Total de la partie mécanique	740.750

(1) Les rails actuels, bien que récemment établis, sont d'un poids trop faible et nous croyons qu'il y aurait tout intérêt à transformer complètement la voie en employant du rail genre Phenix à patin, et du poids moyen de 44 kilogrammes par mètre, soit avec les éclisses et les boulons 50 kilogrammes le mètre courant.

Partie électrique.

	[illegible]	[illegible]
5 dynamos de 300 kilowatts	30.000	150.000
5 fondations de dynamos	2.000	10.000
15 tableaux de distribution	4.000	60.000
15 caniveaux de raccordement	500	7.500
15 câbles de raccordement	500	7.500
5 montages et mise en marche	1.000	5.000
15 montages de tableaux	200	3.000
Eclairage de l'usine 200 lampes	25	5.000
Total de la partie électrique		248.000

Matériel roulant.

120 trucks de voitures automobiles munis de freins à sabots	1.600	192.000
120 caisses de voitures automobiles fermées	3.000	360.000
240 moteurs de 25 chevaux	2.200	528.000
120 trolleys Dickinson	200	24.000
120 équipements doubles	1.872	224.640
120 montages	650	78.000
Total du matériel roulant		1.406.640

Ligne aérienne.

87 kil. 150 mèt. de ligne aérienne.		
2.320 poteaux	100	232.000
2.320 consoles	45	104.400
2.320 poses et peintures	30	69.600
87.150 de ligne aérienne à 4.000 fr. (Comprenant : fil de trolley, fil de suspension, matériel de suspension du fil, et connexion des rails.)	4.000	348.600
Feeders aller et retour		304.000
3 voitures de pose	1.200	3.600
3 boites d'outillage spécial		5.000
Redevance au kilomètre pour brevet sur la longueur du réseau (68 kil. 623)	1.000	68.623
320 rosaces à	20	7.600
Pose de la ligne		26.000
Total de la ligne aérienne		1.169.423

Divers.

Matériel de rechange	60.000
Outillage de l'atelier de réparations	60.000
Frais d'ingénieurs et divers	200.000
Total des divers	320.000

Douane.

	Tonnes. Prix de l'unité.		Total.	
	Fr.	C.	Fr.	C.
Voie. — 8.715 tonnes de rails à	18	»	156.870	»
Partie mécanique. — Sur la valeur du matériel soit 15 °/o sur 572.750 francs			85.912	50
Partie électrique. — Pour câbles et raccordements 700 kilogrammes de cuivre à	1.250	»	875	»
15 °/o ad valorem sur 215.000 francs			32.250	»
Matériel roulant. — 15 °/o sur moteurs et équipements.			116.496	»
25 °/o sur voitures			138.000	»
Ligne aérienne. — 820 tonnes, poteaux, rosaces à consoles	25	»	20.500	»
231 tonnes de fils de cuivre feeder, fils de ligne, griffes, etc.	1.250	»	288.750	»
27 tonnes, isolement du feeder à	1.250	»	33.750	»
11 tonnes suspension de fer à	25	»	275	»
Outillage 15 °/o ad valorem			750	»
3 voitures 25 °/o ad valorem			900	»
Total de la douane			875.328	50

Fret.

	Fr.	C.	Fr.	C.
Voie. — 8.715 tonnes à	30	»	261.450	»
Partie mécanique. — 1.000 tonnes à	30	»	30.000	»
Partie électrique. — 90 tonnes à	30	»	2.700	»
Matériel roulant. — Moteurs et équipements : 280 tonnes à	30	»	8.400	»
600 tonnes voitures à	100	»	60.000	»
Ligne aérienne. — 820 t^nes poteaux, rosaces, consoles à	30	»	24.600	»
112 tonnes de feeders tambours à	30	»	3.360	»
153 tonnes de fils de ligne, connexions, griffes	30	»	4.590	»
11 tonnes, appareils de suspension à	30	»	330	»
Total du fret			395.430	»

Nous avons admis un fret moyen de 30 francs, persuadé que ce prix serait facilement obtenu pour un tonnage aussi considérable.

Débarquement à Santos et transport de Santos à pied d'œuvre.

	Fr.	C.	Fr.	C.
Voie. — 8.715 tonnes à	15	»	130.725	»
Partie mécanique. — 1.000 tonnes à	15	»	15.000	»
Partie électrique. — 90 tonnes à	15	»	1.350	»
Matériel roulant. — 880 tonnes à	15	»	13.200	»
Ligne aérienne. — 1.096 tonnes à	15	»	16.440	»
Total du débarquement à Santos, etc.			176.715	»

RÉCAPITULATION

Voies	2.552.790 50	
Terrain et bâtiments	375.000 »	
Partie mécanique	740.750 »	
Partie électrique	248.000 »	
Matériel roulant	1.406.640 »	
Ligne aérienne	1.169.423 »	
Divers	320.000 »	6.812.603 50
Douanes	875.328 50	
Fret	395.430 »	
Débarquement à Santos et transport de Santos à pied d'œuvre	176.715 »	1.447.473 50
		8.260.077 »
A ces chiffres il convient d'ajouter pour imprévus 10 0/0 sur le devis réel, soit 10 0/0 sur 6.812.603 francs		681.260 »
et pour frais généraux et divers également 10 0/0 sur la même somme		681.260 »
Soit au total		9.622.597 »

Soit en chiffre rond 10.000.000 de francs.

CHUTE DE PARNAHYBA

On nous a signalé à Saint-Paul la possibilité d'acquérir une chute importante située sur le Rio Tiété à 30 kilomètres de la ville, et qui permettrait d'assurer tout le service de la traction électrique des tramways au moyen de la force hydraulique.

Nous publions aux annexes le rapport dressé par l'ingénieur de la maison Ganz en 1892 sur l'utilisation de cette chute.

Bien que nous ne soyons pas tout à fait d'accord avec lui sur le détail des chiffres qu'il donne, on peut cependant admettre, qu'en y comprenant le prix d'achat, de l'établissement de l'usine hydraulique, du canal d'amenée des eaux, et des deux usines électriques de transformation, l'ensemble de ce travail ne reviendra pas à moins de 5.000.000 de francs.

Il est vrai que dans ces conditions la Compagnie des tramways de Saint-Paul aurait à sa disposition un excédent de puissance de 3.000 chevaux, qui vendus sous forme de force motrice, ou de lumière aux particuliers pourraient non seulement payer toute la dépense d'énergie électrique nécessaire à la traction des tramways mais encore laisser un important bénéfice.

Le gaz se vend en effet à Saint-Paul extrêmement cher, et le prix de la lumière électrique est proportionnellement aussi élevé.

Nous ne voulons que signaler ces chiffres parce que nous estimons qu'il est absolument nécessaire de faire une étude plus complète avant de conclure définitivement en faveur de l'une ou de l'autre source d'énergie. C'est d'ailleurs là en réalité une question financière que nous n'avons pas été chargé d'étudier.

Nous savons que les propriétaires de cette chute en ont donné l'option jusqu'à fin juin prochain au prix de 450 contos.

RÉSULTATS DE L'EXPLOITATION ÉLECTRIQUE

RECETTES

Nous avons vu que les tramways de la Compagnie actuelle de Saint-Paul fournissent un parcours annuel de 4.268.675 kilomètres-voitures. Ce service est réalisé au moyen de 116 voitures faisant environ 18 heures de service par jour.

Chaque voiture ne fait donc que 100 kilomètres par jour correspondant à une vitesse commerciale de 6 kilomètres à l'heure.

D'autre part, les voitures sont très petites, elles n'ont que 28 places, et il n'est pas douteux qu'on obtiendra un bien meilleur résultat en augmentant leur capacité.

Il ne faudrait toutefois pas modifier le type même de la voiture, qui est le type dit *jardinière*, auquel le public est habitué et qui convient très bien au climat.

Nous avons pensé que l'on pourrait choisir le type de 42 places du même modèle.

Nous estimons que le service pourra, pendant les premières années, être assuré au moyen de 120 voitures automobiles de ce type, dont 100 feront le service courant et 20 assureront les services extraordinaires et formeront la réserve.

Ces 100 voitures pourront, sans aucun doute, en 18 heures de service, faire au moins 160 kilomètres par jour, ce qui donnera 5.840.000 kilomètres-voitures automobiles.

D'autre part, comme nous avons remarqué qu'à certains jours et à certaines heures de la journée l'intensité du trafic est plus grande, on pourra joindre aux automobiles des voitures remorquées fournies par le matériel existant.

Voyageurs. — Pour évaluer la recette que nous donnerait un service organisé dans de semblables conditions, et en nous basant sur les chiffres actuels, nous estimons que nos voitures ayant 50 % de plus de places offertes au public, donneront une recette kilométrique de 50 % supérieure à la recette actuelle, c'est-à-dire 0 fr. 73 c. par kilomètre-voiture, au lieu de 0 fr. 49 c., chiffre actuel. Nous ne tenons pas compte, dans cette évaluation, de l'augmentation de recette due à la vitesse.

Nous obtiendrons donc, pour 5.840.000 kilomètres-voitures, une recette totale de 4.263.000 francs pour les passagers, sans tenir aucun compte de la recette que produiront les voitures remorquées.

Ces chiffres ne peuvent qu'être au-dessous de la vérité, car, partout où la traction électrique a remplacé la traction animale, la proportion d'augmentation de recette a été beaucoup plus forte.

Marchandises. — La transformation électrique n'aura pas seulement pour résultat de développer le mouvement des voyageurs, elle permettra encore d'exploiter une partie importante du monopole de la Compagnie de Saint-Paul, c'est-à-dire le transport des marchandises.

Nous avons dit au début de ce rapport que l'Administration des Douanes de l'Union avait établi à Saint-Paul un entrepôt réel, dans lequel sont directement reçus les produits d'importation, tant pour la consommation locale que pour la réexpédition dans l'intérieur de l'État.

Cette création va développer le mouvement commercial dans d'énormes proportions et donner lieu à des transports qui ne peuvent être assurés économiquement par le camionnage ordinaire.

Il est très difficile d'apprécier exactement le tonnage que la Compagnie aurait à transporter; mais, d'après les évaluations les plus prudentes qui nous ont été fournies sur place, nous estimons que le tonnage ne sera pas inférieur à 80.000 tonnes, qui, au prix de 4.000 reis ou de 3 fr. 50 c. la tonne, donneront une recette que nous estimons, en nombre rond, à 250.000 francs. Ce service pourra être facilement assuré par quelques voitures spéciales.

Recettes extraordinaires. — Il est d'usage à Saint-Paul de louer au public des voitures spéciales pour parties de campagne, mariages, fêtes, parties de théâtres, etc.

Cette branche de recette n'est pas à dédaigner, puisque l'année dernière elle a produit, avec la traction animale et un matériel insuffisant, la somme de 73.500 francs environ.

Nous estimons qu'avec la facilité que donnera la traction électrique, on peut doubler le chiffre de cette recette, ce qui fera 147.000 francs.

On peut donc compter sur les recettes suivantes :

Voyageurs............................Fr.	4.263.000
Marchandises............................	250.000
Recettes extraordinaires........................	147.000
Recette totale annuelle.....................Fr.	4.660.000

DÉPENSES DE L'EXPLOITATION

Pour apprécier exactement quelles seront les dépenses d'exploitation par la traction électrique, il faut avant tout déterminer le prix de la houille.

Tous les charbons sont actuellement importés au Brésil, et viennent d'Angleterre; leur prix varie avec le fret qui est l'élément important : à Saint-Paul, il faut ajouter au prix du fret, les droits de douane et le transport par voie ferrée de Santos à Saint-Paul.

Le fret moyen pour le Brésil est de 15^s, assurance comprise; il est actuellement de 21^s, ce qui fait ressortir le prix des charbons rendus à Saint-Paul :

Pour prix d'achat 9^s 6^d .... ou Fr.	12 »
Pour fret et assurance 21^s	26 45
Pour transport et douane..............................	11 »
Total....................................	49 45

soit en chiffre rond 50 francs la tonne.

A ce prix de 50 francs la dépense de charbon par kilomètre-voiture s'élèvera au maximum à 0 fr. 07 c., c'est-à-dire environ fr. 0,03 de plus qu'en Europe.

Les autres dépenses seront les mêmes qu'en Europe et peut-être un peu inférieures, puisque la main-d'œuvre est très bon marché à Saint-Paul.

Nous établirons donc comme suit le prix de revient du kilomètre-voiture par la traction électrique :

Charbon	0,07
Mécaniciens et électriciens (personnel de l'usine	0,015
Cochers électriciens	0,04
Receveurs	0,035
Entretien de la voie	0,01
Entretien de la ligne aérienne	0,01
Entretien du matériel roulant	0,02
Contrôle de l'exploitation	0.01
Eclairage et graissage	0,01
Frais généraux	0,05
Total. . . . . Fr.	0,27

Nous admettrons que le transport des marchandises et l'exploitation des services spéciaux seront faits à 50 % des recettes; nous aurons donc un total de dépenses de :

1° Pour le transport des voyageurs. . . . . Fr.	1.576.800
2° Pour le transport des marchandises	125.000
3° Pour les transports extraordinaires	73.500
Soit	1.775.300
Les recettes prévues s'élevant à	4.660.000
Les bénéfices nets de l'exploitation seront de	2.884.700
Auxquels il faut ajouter le produit de la location des immeubles	115.962
Total. . . . . Fr.	3.000.662

Ce chiffre correspond au change actuel de 8¹ et il serait modifié dans un sens favorable par la hausse du change.

Le tableau ci-dessous peut donner une idée des résultats auxquels on arriverait.

Évaluation des produits nets de l'exploitation électrique.

	AUX CHANGES DE				
	8^d	9^d	10^d	11^d	12^d
Recettes.	—	—	—	—	—
Voyageurs	4.263.000	4.795.875	5.328.750	5.861.625	6.394.500
Marchandises	250.000	281.250	312.500	343.750	375.000
Extraordinaires	147.000	165.375	183.750	202.125	220.500
Locations d'immeubles	115.962	130.458	144.952	159.448	173.943
Total des recettes	4.775.962	5.372.958	5.969.952	6.566.948	7.163.943
Dépenses d'exploitation.					
Voyageurs	1.576.800	1.734.480	1.892.160	2.049.840	2.207.520
Marchandises	125.000	140.625	156.250	171.875	187.500
Extraordinaires	73.500	82.688	91.875	101.063	110.250
Total des dépenses	1.775.300	1.957.793	2.140.285	2.322.778	2.505.270
Produit net de l'exploitation	3.000.662	3.415.165	3.829.667	4.244.170	4.658.673
Recettes voyageurs par kilomètre-voiture	0 73	0.82	0 91	1 »	1 09
Par kilomètre et par an	62.000	69.900	77.700	85.509	93.200
Dépenses voyageurs par kilomètre-voiture	0 27	0 297	0 324	0 351	0 378
Par kilomètre et par an	23.000	25.300	27.600	29.900	32.200

Les chiffres de bénéfices ci-dessus, dont l'accroissement est proportionnellement supérieur à l'augmentation du change, ne paraîtront pas exagérés, si on les compare à ceux qui ont été obtenus à Rio alors que le change était au pair.

En effet, la Compagnie du Jardin Botanique, pendant l'exercice 1889-1890, a produit avec la traction animale :

Recette par kilomètre-voiture	Fr.	1 55
Dépense par kilomètre-voiture		0 66
Recette par kilomètre de ligne et par an		134.000 »

CONCLUSIONS

De l'étude que nous venons de faire, et à laquelle nous regrettons de n'avoir pu donner plus d'extension à cause du peu de temps dont nous disposions, il ressort tout d'abord que, malgré sa situation obérée, la Compagnie actuelle Pauliste de Transports vit et se développe progressivement. Il est vrai qu'il faudra encore un certain temps pour que ses actionnaires soient rémunérés des sacrifices qu'ils ont faits, surtout si l'on veut bien considérer qu'il existe des intérêts particuliers en opposition avec l'intérêt général.

Malgré cela, et grâce à la progression des recettes et au développement de la ville, il n'est pas douteux qu'avant peu la situation de la Compagnie ne pourrait pas ne pas se rétablir par ses propres ressources.

Nous avons d'ailleurs vu qu'il suffira d'apporter à la Compagnie le secours d'un fonds de roulement en introduisant dans l'exploitation des réformes d'une application facile, pour réaliser par la traction animale un bénéfice minimum de 750.000 francs par an. D'ailleurs, sans qu'il soit besoin d'insister davantage, il suffit d'observer que la recette par kilomètre-voiture, qui est au change actuel et par traction animale de 0 fr. 49, est une recette supérieure à la moyenne de celles qui sont obtenues dans la plupart de nos grandes villes de province françaises. L'affaire est donc, même aux taux actuel du change, bonne et viable.

La substitution de la traction électrique à la traction animale exigera un capital supplémentaire de 10 millions de francs qu'il serait possible de réduire à 8 millions de francs par la réalisation de l'actif non utilisé. Mais ce nouveau capital de 10 millions assure à l'entreprise une augmentation annuelle de bénéfice de 2.250.000 francs, ce qui justifie à notre avis la transformation du système de traction.

Paris, le 24 avril 1897.

D. MONNIER.

Professeur d'Électricité industrielle à l'École Centrale des Arts et Manufactures.

ANNEXES

STATUTS

DE LA

COMPAGNIE PAULISTE DE TRANSPORTS

(Companhia Viação Paulista)

STATUTS

DE LA

COMPAGNIE PAULISTE

DE TRANSPORTS

CHAPITRE PREMIER

Dénomination, but, siège, durée et capital social.

ARTICLE PREMIER. — La Compagnie, qui prendra la dénomination de Compagnie « Pauliste de Transports », sera constituée par la fusion des Compagnies « Carris de Ferro de Saint-Paul » et « Estrada de Ferro de Saint-Paul à Saint-Amaro » et pourra en acquérir d'autres.

Elle a pour but de développer les lignes de tramways à traction animale, à la vapeur, à l'électricité ou par tout autre système dans la capitale et ses environs et dans toutes les localités de l'État de Saint-Paul, où il sera possible et utile d'établir des transports sur voies ferrées au moyen de tramways.

ART. 2. — La durée de la Compagnie sera de cinquante années, à partir du 8 août 1871, date du décret n° 4768, approuvant les statuts primitifs de la Compagnie « Carris de Ferro ».

ART. 3. — La Compagnie aura son siège dans la capitale de l'État de Saint-Paul.

ART. 4. — Le capital social sera de 12:000 contos de reis divisé en 120.000 actions de 100$000 reis chacune.

CHAPITRE II

Administration de la Compagnie.

ART. 5. — Les affaires de la Compagnie seront administrées par trois administrateurs élus par l'Assemblée générale, dont un sera le président.

Art. 6. — Les administrateurs ne pourront entrer en fonctions s'ils ne possèdent au moins cent actions, qui seront inaliénables et garantiront la gestion du mandataire pendant sa durée.

Art. 7. — Ne pourront exercer conjointement les fonctions d'administrateur, le beau-père et le gendre, le beau-frère pendant que la parenté subsiste, les parents consanguins jusqu'au deuxième degré et les associés de raisons sociales.

Art. 8. — Ne peut être administrateur quiconque exerce dans la Compagnie un emploi de confiance ou a, directement ou indirectement, un intérêt dans des contrats en cours avec elle.

Toute infraction à l'une ou à l'autre de ces clauses entraîne la déchéance du mandat d'administrateur.

Art. 9. — Les administrateurs sortants peuvent être réélus.

Art. 10. — La durée du mandat d'administrateur est de cinq années.

Art. 11. — Chaque administrateur recevra un honoraire de Rs 4:800$000 par an, payables mensuellement ; le président recevra Rs 6:000$000.

Art. 12. — En cas d'absence de l'un des administrateurs, il sera remplacé par un actionnaire désigné par les autres administrateurs en exercice; toutefois, en cas de démission, ou en cas de mort, il appartient à l'Assemblée générale de pourvoir au remplacement dans sa première réunion ordinaire ou extraordinaire.

Art. 13. — Le Conseil d'administration devra se réunir ordinairement tous les quinze jours, aux jour, lieu et heure qui auront été fixés au commencement de l'année par le Conseil lui-même, et il devra se réunir extraordinairement toutes les fois que les intérêts de la Compagnie l'exigeront. Dans l'un et l'autre cas les procès-verbaux seront signés seulement par les administrateurs présents.

Art. 14. — Pour le fonctionnement du Conseil d'administration, la présence de deux membres au moins est essentielle.

Les décisions du Conseil seront prises à la majorité des voix. En cas de partage, la voix du président est prépondérante.

Art. 15. — Les administrateurs ne pourront pas prendre part au vote dans les délibérations de l'assemblée générale sur leurs comptes, sur le bilan et l'inventaire.

Art. 16. — Le Conseil d'administration a les pouvoirs les plus étendus pour gérer et administrer la Compagnie.

Le président du Conseil en sera l'organe et il aura, outre ses pouvoirs d'administrateur, le pouvoir de représenter la Compagnie en justice et pour les affaires extérieures avec droit de substitution; il signera les contrats de toute nature, les titres des actions et toutes les pièces qui engagent la Compagnie.

Art. 17. — En l'absence du président, un des administrateurs le remplacera.

CHAPITRE III

De l'Assemblée générale.

Art. 18. — L'Assemblée générale est la réunion de tous les actionnaires ou au moins d'un nombre d'actionnaires représentant un quart du capital social, sauf les cas où la loi en exige les deux tiers; les actions doivent être inscrites sur le registre de la Compagnie, trente jours avant la réunion.

Art. 19. — Il est permis aux porteurs d'obligations de la Compagnie d'assister aux réunions de l'Assemblée générale et de prendre part aux discussions, sans voix délibérative.

Art. 20. — Si l'Assemblée ne peut fonctionner faute du nombre légal d'actionnaires, on observera la disposition du décret du 17 janvier 1890 n° 16, selon l'objet de la susdite réunion.

Art. 21. — L'Assemblée générale devra se réunir ordinairement dans le courant du mois de mars de chaque année pour la présentation du rapport et l'approbation du bilan, avec l'avis des commissaires des comptes.

Art. 22. — Elle devra se réunir extraordinairement dans les cas suivants :

1° Quand cette réunion aura été demandée par sept actionnaires au moins représentant au moins un cinquième du capital social;

2° Quand le Conseil d'administration le jugera utile ;

3° Quand les commissaires des comptes le jugeront utile ;

4° Dans les autres cas prévus par la loi.

Art. 23. — Aux séances extraordinaires il ne sera permis de délibérer que sur les questions qui auront été portées à l'ordre du jour de la convocation.

Art. 24. — La convocation pour la première réunion de l'Assemblée générale sera faite par des annonces dans les journaux, au moins quinze jours avant la réunion.

Art. 25. — Toutes les convocations pour l'Assemblée générale seront motivées.

ART. 26. — Les actionnaires se trouvant réunis aux lieu, jour et heure indiqués dans les annonces de convocation, l'Assemblée générale sera déclarée constituée par le président du Conseil d'administration ou par son remplaçant.

ART. 27. — L'Assemblée sera présidée par le président du Conseil d'administration ou celui qui en fait fonction. Il invitera un actionnaire à remplir les fonctions de secrétaire.

ART. 28. — L'Assemblée générale régulièrement convoquée et constituée, représente la totalité des actionnaires et ses décisions sont obligatoires.

ART. 29. — Le vote se fera à raison d'une voix pour dix actions.

§ 1. Excepté pour l'élection du Conseil d'administration des commissaires des comptes et des suppléants, toutes les résolutions seront prises à mains levées.

§ 2. Au cas, cependant, où un ou plusieurs actionnaires demanderaient que la question soit soumise au scrutin, le président de l'Assemblée y fera droit, en faisant procéder au vote à raison d'une voix pour dix actions. La résolution prise ne pourra être annulée ni modifiée que par une autre, obtenue dans les mêmes conditions, sauf disposition ultérieure des statuts de la Compagnie.

ART. 30. — Seront admis à délibérer et à voter aux Assemblées générales en déposant les pièces justificatives nécessaires :

1° Les tuteurs pour leurs pupilles;

2° Les pères pour leurs enfants mineurs;

3° Les maris pour leurs femmes;

4° Les préposés ou représentants des raisons sociales des corporations et autres personnes juridiques:

5° Le liquidateur d'une succession dont font partie des actions de la Compagnie.

ART. 31. — L'actionnaire, qui ne comparaîtra pas, pourra se faire représenter par un fondé de pouvoirs, actionnaire ou non, quel que soit l'objet de la réunion, en lui conférant à cette fin des pouvoirs spéciaux.

La procuration ne peut être faite en faveur des directeurs ou des commissaires.

ART. 32. — Pour que le titulaire d'actions nominatives puisse voter à n'importe quelle réunion, il devra être inscrit en cette qualité sur les livres de la Compagnie et se conformer aux clauses des présents Statuts.

ART. 33. — Aux Assemblées ordinaires seront présentés le rapport de la direction et le rapport des commissaires sur le bilan, les comptes et l'inventaire.

Art. 34. — L'approbation du bilan et des comptes sera nulle si elle n'a pas été précédée de la lecture du rapport des commissaires.

Art. 35. — Il appartient à l'Assemblée générale de :

1° Élire le Conseil d'administration et son président, les commissaires des comptes et leurs suppléants;

2° Discuter les comptes annuels;

3° Modifier ou réformer les statuts;

4° Délibérer sur la responsabilité des membres du Conseil d'administration et faire procéder à l'examen de leurs actes sans aucune restriction, en nommant à cette fin des délégués spéciaux;

5° Déterminer la meilleure forme de liquidation de la Compagnie, au cas où celle-ci viendrait à être liquidée d'accord avec les prescriptions du Code commercial et des lois en vigueur;

6° Décider la prorogation de la Société et délibérer sur tout ce qui concerne l'objet de la Compagnie, sur la proposition du Conseil d'administration.

Art. 36. — Les décisions de l'Assemblée générale seront prises à la majorité des voix présentes ou représentées, conformément aux présents Statuts.

Les actions qui seront au porteur ne pourront constituer l'Assemblée générale ordinaire que si elles ont été préalablement déposées dans les bureaux de la Compagnie avant le 31 janvier de l'année de la réunion, et l'Assemblée extraordinaire, qu'au cas où le dit dépôt aura été fait douze jours au moins avant la date de la réunion.

Les reçus nominatifs de ces dépôts seront signés par le Président de la Compagnie ou par son remplaçant et présentés au bureau de l'Assemblée, le jour de la séance.

Art. 37. — Trente jours au plus tard après la réunion de l'Assemblée générale ordinaire le procès-verbal en sera publié dans la presse.

CHAPITRE IV

Des actions et des actionnaires.

Art. 38. — Les actions sont payables par versements dans les délais qui auront été indiqués, ou selon le mode qui sera déterminé dans les présents Statuts.

Art. 39. — Les appels de versement qui n'auront pas encore été faits le seront suivant les besoins de la Compagnie, et annoncés trente jours au moins à l'avance.

Art. 40. — Les actionnaires sont responsables du montant des actions qu'ils auront souscrites ou qui leur seront échues dans la fusion. Tous ceux qui n'auront pas effectué l'un des versements appelés perdront en faveur de la Compagnie les sommes qu'ils auront déjà versées, aussi bien que le droit aux dites actions.

Art. 41. — L'actionnaire en retard pourra se justifier devant le Conseil d'administration en alléguant les motifs qui l'ont empêché de satisfaire aux appels de fonds en temps opportun. Si la justification est acceptée, le Conseil d'administration pourra faire toucher postérieurement les versements en retard, en exigeant dans ce cas, des intérêts de retard qui seront comptés à raison de 12 0/0 l'an.

Art. 42. — Le Conseil d'administration a le droit de déclarer forcloses les actions dont les versements sont en retard et il doit faire les publications nécessaires à cet égard et émettre d'autres actions en remplacement.

Art. 43. — Les actions entièrement libérées peuvent être converties en titres au porteur et *vice versa*.

Art. 44. — Les transferts des actions se font par tous les moyens permis par la loi. Sur les livres de la Compagnie, toutefois, on ne dressera des actes de vente que pour celles qui auront, au moins, 40 0/0 de capital versé.

CHAPITRE V

Commissaires de surveillance.

Art. 45. — La Compagnie élira dans sa séance ordinaire de l'année ou dans toute autre, désignée à cette fin, un Comité de surveillance composé de trois actionnaires et de trois autres suppléants, qui doivent posséder au moins 25 actions chacun.

Art. 46. — Il appartient au Comité de surveillance d'examiner la comptabilité de la Compagnie et de donner son avis, en observant et faisant observer les prescriptions de la loi à cet égard et de donner ses conseils aux administrateurs quand il aura été prié de le faire.

L'avis sera déposé avant le 31 janvier de chaque année, pour être annexé au rapport.

Art. 47. — Les porteurs d'obligations de la Compagnie pourront nommer un commissaire pour collaborer avec ceux qui sont élus par les actionnaires, et avec droits égaux.

Art. 48. — Le mandat des commissaires durera un an, mais il pourra être renouvelé.

Art. 49. — Les commissaires ne pourront voter aux délibérations portant sur leurs avis.

Art. 50. — Les effets des responsabilités des commissaires à l'égard de la Compagnie sont déterminés par les règles du mandat.

CHAPITRE VI

Des dividendes et fonds de réserve.

Art. 51. — On déduira des bénéfices liquides de chaque semestre 5 0/0 pour le fonds de réserve ; et le surplus constituera le dividende aux actionnaires jusqu'au maximum de 12 0/0 l'an. En cas d'excédent, on le portera au compte de « profits en suspens » qui recevra l'application que le Conseil d'administration jugera utile.

Art. 52. — Quand le fonds de réserve atteindra 10 0/0 du capital social l'accumulation cessera, pour recommencer au cas où, par suite d'un déficit sur le capital, ce chiffre viendrait à diminuer et jusqu'à ce qu'il soit reconstitué.

Art. 53. — Il n'y aura pas de distribution de dividendes tant que le capital, entamé à la suite de pertes, n'aura pas été intégralement reconstitué.

Le fonds de réserve est spécialement destiné à reconstituer le capital entamé par des pertes.

Art. 54. — Pour que les fonds sociaux puissent entrer dans le calcul des bénéfices liquides, il n'est pas nécessaire qu'ils se trouvent en argent dans la caisse ; il suffit qu'ils consistent en valeurs définitivement acquises ou en droits et obligations sûrs, tels que traites ou tous autres papiers de crédit réputés comme bons.

Art. 55. — Les dividendes distribués avant d'être régulièrement acquis, devront, en cas d'insolvabilité de la Société, être rapportés par l'actionnaire qui les aura reçus.

Cette obligation est prescrite au bout de cinq ans, à partir de la date de la distribution des dividendes.

Art. 56. — L'actionnaire dont les actions sont en gage peut toucher des dividendes, sauf accord contraire et par écrit avec le créancier.

CHAPITRE VII

De la dissolution de la Compagnie et de sa liquidation.

Art. 57. — La Compagnie sera dissoute :

§ 1. A l'expiration du délai fixé pour sa durée, si l'Assemblée générale des actionnaires ne décide pas le contraire ;

§ 2. Au cas où elle ne pourrait pas remplir son objet.

Dans ces divers cas, l'Assemblée générale déciderait du mode de liquidation.

CHAPITRE VIII

Dispositions générales et transitoires.

Art. 58. — L'année sociale est comptée du 1er janvier jusqu'au 31 décembre.

Art. 59. — Les cas omis dans les présents Statuts seront résolus par la législation en vigueur.

Art. 60. — Le premier bilan, quoique la Compagnie ne compte pas encore une année d'existence, sera arrêté le 31 décembre 1891.

Art. 61. — Tous les droits, privilèges, concessions et faveurs, aussi bien que toutes les charges, obligations et engagements de chacune des Compagnies qui fusionnent ou fusionneront, passent intacts à la Compagnie Pauliste de Transports.

Art. 62. — Par disposition expresse des présents Statuts, est élu président honoraire de la Compagnie le conseiller François de Paula Mayrink.

Art. 63. — Le président honoraire a droit de vote aux réunions et décisions du Conseil d'administration, auxquelles il assistera.

COMPAGNIE PAULISTE

De Transports.

CONTRATS DE CONCESSIONS

RELATIFS AUX TRAMWAYS DE SAINT-PAUL

COMPAGNIE CARRIS DE FERRO DE S. PAULO

PRIVILÈGE CONCÉDÉ A L'INGÉNIEUR Dr NICOLÃO RODRIGUES DOS SANTOS FRANÇA LEITE PAR LE PRÉSIDENT DE LA PROVINCE DE SAINT-PAUL

Pour l'établissement des voitures publiques sur rails dans la Ville de Saint-Paul.

Le 12 avril 1871, au Palais du Gouvernement a comparu par-devant Son Excellence M. Antonio da Costa Pinto e Silva, Président de la Province, l'ingénieur Nicolão Rodrigues dos Santos França Leite, afin de contracter la construction en cette capitale d'une ligne de voitures publiques sur rails, tirées par bêtes de trait, conformément à la loi nº 11 du 9 mars de l'année courante et sous les conditions suivantes :

1. — Le Gouvernement provincial concède à l'ingénieur Nicolão Rodrigues dos Santos França Leite le privilège exclusif pendant cinquante années pour établir, par lui-même ou au moyen d'une Compagnie, une ou plusieurs lignes de voitures publiques sur rails, tirées par bêtes de trait, et qui, partant du centre de la ville, iront aux gares des chemins de fer et aux faubourgs et d'une gare aux autres.

2. — L'entrepreneur soumettra au préalable à l'approbation du Gouvernement provincial le plan indicatif des rues où devra passer la susdite ligne, et de même, six mois avant de commencer les travaux, les dessins des voitures et les projets d'expropriation pour l'élargissement des rues où il le jugerait nécessaire.

3. — Le privilège tombera en déchéance si, dans un délai de deux années à courir de la date de la concession, les travaux ne sont pas commencés ou si, une fois commencés, ils sont interrompus pendant plus de six mois.

4. — L'entrepreneur s'engagera à transporter gratuitement les dépêches, ainsi que les agents des postes et de la police quand ils seront en service et munis de la réquisition des autorités supérieures. Il transportera de même à moitié prix, les colis du Gouvernement central ou provincial ou de la Municipalité.

5. — Le Gouvernement provincial pourra accorder la même faveur ou le même privilège aux conditions ici énumérées, à l'entrepreneur qui se chargera d'introduire des services analogues dans les villes de Campuras et de Rio Claro et, à égalité de conditions, la préférence reviendra à l'entreprise en fonctionnement dans cette capitale.

6. — Le concessionnaire pourra exproprier à ses frais conformément à la loi n° 38 du 18 mars 1836, les terrains et immeubles indispensables au passage des lignes et à la construction des stations, dans les termes de la condition n° 2. Il ne pourra en aucun cas construire au milieu des places et squares des stations qui gêneraient la circulation du public.

7. — La pose de la ligne de tramways à destination de la Luz aura pour point de départ la place de Carmo, où elle commencera comme artère principale, et prenant la rue de Carmo, elle se séparera de là en deux branches, l'une passant par la traverse de Santa-Thereza, place de la Sé, rues Direita, du Commercio, de Guitanda, de S. Bento, place de S. Bento, rue de S. José, montée de Acu, rue du Séminaire et rue Alègre jusqu'aux gares des chemins de fer; l'autre, à partir de la rue du Carmo, prendra la place du Palais, la traverse du Palais et la rue de l'Impératrice pour rejoindre la rue de S. Bento par la traverse du Rosario.

8. — Dans l'établissement des voies on observera les conditions techniques suivantes :

§ 1. Le système de rails sera approprié à ce genre de transports et muni des perfectionnements les plus récents.

§ 2. La distance entre les rails sera de 4 pieds 6 pouces ; partout où il y aura des voies de garage ou des doubles voies, l'espace entre les deux lignes ne dépassera pas 3 pieds 6 pouces.

§ 3. La voie sera simple et les rails autant que possible, posés au milieu des rues, mais de façon à ne pas gêner la circulation ; dans les rues étroites, toutefois, ils seront posés sur l'un des deux côtés sans porter préjudice au mouvement des voitures ou des voyageurs et la largeur des trottoirs restera toujours acquise aux piétons.

§ 4. Devant les stations et partout où le service l'exigerait, on établira des garages, d'après le mouvement des lignes, de façon qu'il n'y ait pas la moindre difficulté dans la circulation des véhicules.

§ 5. La face supérieure des rails devra être au niveau du pavage afin de ne gêner en rien la circulation des voitures et chevaux, soit dans le sens longitudinal, soit dans le sens transversal.

§ 6. Les transports seront faits au moyen de véhicules commodes, tirés par bêtes de trait et les voitures à voyageurs ne pourront avoir une largeur moindre de 6 pieds 6 pouces afin de contenir jusqu'à 30 personnes. Ces voitures pourront avoir un compartiment pour les bagages et seront établies de façon à ne pas avoir à tourner sur les rails, le changement d'attelage devant suffire pour leur imprimer une direction différente.

§ 7. Les wagons à marchandises auront une portée de 2.000 kilogrammes.

9. — La Compagnie ou l'Entreprise une fois organisée devra commencer les travaux dans le délai de six mois et les terminer dans les douze mois suivants.

10. — Si dans le délai ci-dessus stipulé, la ligne n'a pas commencé à fonctionner ou si, après avoir été inauguré, le service est interrompu pendant plus de six mois, le Gouvernement provincial prononcera la déchéance de la présente concession, à moins d'un cas de force majeure bien et dûment établi.

11. — Le Gouvernement provincial prononcera la peine de déchéance administrativement, sans autre formalité que la communication au concessionnaire et aura, dès lors, toute liberté de donner la concession à qui bon lui semblerait, sans que cela puisse donner lieu à une demande d'indemnité, à quelque titre que ce soit.

12. — Les travaux seront exécutés par une Entreprise ou une Compagnie que le concessionnaire pourra organiser dans le pays ou à l'étranger. En ce dernier cas, les statuts de la Société seront soumis à l'approbation légale des pouvoirs compétents.

13. — Le concessionnaire paiera pour les terrains municipaux qu'il utilisera la redevance que la Municipalité perçoit habituellement. Il fera l'acquisition des terrains nécessaires à la construction des stations, à l'ouverture et à l'élargissement des rues, procédant toutes les fois qu'il sera nécessaire, aux expropriations dans les formes légales et avec le consentement préalable du pouvoir compétent, qui pourra lui accorder à cette fin les droits et privilèges que la loi lui confère : dans ce but le cessionnaire sollicitera de l'autorité compétente toutes les faveurs dont il s'agit au présent contrat et qui sortent des attributions du Gouvernement provincial.

14. — Le concessionnaire organisera tous les ans un tarif, qu'il soumettra à l'approbation du Gouvernement, pour fixer la contenance des voitures et les prix des passages qui ne pourront dépasser 300 reis au maximum par voyageur et 4 reis par kilogramme de colis, bagages ou marchandises.

15. — Le concessionnaire s'engage à recevoir toutes les marchandises, aussi bien pour les gares de chemin de fer que pour la ville, à condition que les colis ne dépassent pas trois mètres cubes en volume et une tonne métrique en poids. Les colis dépassant ce poids ou ce volume ne pourront être transportés que sur accord entre le concessionnaire et l'expéditeur ou consignataire.

16. — Le concessionnaire pourra refuser les colis qui auront, à l'extérieur, des indices de mauvais conditionnement ou d'avaries et ne sera en aucun cas responsable de leur contenu.

17. — Le concessionnaire pourra, après approbation du Gouvernement provincial, supprimer le transport des marchandises, si ce dernier ne lui laisse pas de bénéfices.

18. — Le concessionnaire fera, d'accord avec le Gouvernement provincial, les règlements nécessaires pour fixer les heures du départ des voitures, et, en cas d'in-

fractions ou d'irrégularités dans le service, le Gouvernement pourra imposer des amendes de 50$000, à moins de cas de force majeure dûment établis.

19. — Le concessionnaire s'engage à avoir en nombre suffisant, des cantonniers pour le nettoyage des rails et des gardiens aux croisements des rues, pour prévenir le public de l'approche des voitures et éviter tout désordre.

20. — Le concessionnaire est tenu de remettre en état les pavages endommagés par la pose des voies et à entretenir ces pavages entre les rails et à 25 centimètres de chaque côté. Il paiera mensuellement à la Municipalité le montant de ce service quand celle-ci s'en chargera.

21. — Après la construction des lignes le concessionnaire ne pourra plus détruire ou modifier les pavages sans avoir au préalable l'autorisation de la Municipalité, à moins d'un cas de force majeure, auquel cas il procédera aux réparations indispensables pour la régularité du trafic et il en fera part sur le champ à la Municipalité, les frais de reconstruction du pavage restant à sa charge.

22. — Le concessionnaire ne pourra modifier, pour la pose ou l'entretien des voies, le nivellement des rues sans l'autorisation préalable de la Municipalité, qui ne pourra l'accorder que si cette modification n'apporte aucun dommage au public ou aux propriétés particulières. Quand cette autorisation sera accordée, tous les frais exigés pour cette modification du niveau des rues resteront à la charge du concessionnaire.

23. — Quand la Municipalité aura décidé la construction ou la reconstruction des pavages des rues desservies par les voitures de l'Entreprise, le concessionnaire n'y mettra aucun obstacle et n'aura droit à réclamer aucune indemnité du fait de l'interruption du trafic par suite de ces travaux ; il devra, en outre, remettre les rails en place au fur et à mesure de l'avancement des pavages. En tel cas il n'encourra pas la peine stipulée par la condition n° 10.

24. — Le Gouvernement provincial pourra préposer une personne capable au contrôle de l'exécution des services de l'Entreprise et au maintien de la régularité et du bon ordre en tout ce qui a trait à la sécurité publique.

25. — Toutes les dispositions des présentes clauses qui se rapportent au concessionnaire seront applicables en tous points à la Société ou à la Compagnie qu'il organisera ou à laquelle il transmettra les droits qui lui reviennent en vertu de cette concession.

26. — Le concessionnaire postulera de l'autorité compétente et sous sa seule responsabilité la faveur d'importer en franchise tous les matériaux nécessaires à l'entreprise.

27. — Pendant toute la durée du privilège il ne sera pas permis d'organiser d'autres Compagnies ou Entreprises ayant le même but et suivant les mêmes directions.

En foi de quoi, Son Excellence Monsieur le Président de la Province a fait rédiger le présent contrat qu'il signe ainsi que le concessionnaire. Et moi João Carlos da Silva Telles, secrétaire de la Province, le souscris. Antonio da Costa Pinto Silva. — Nicolão Rodrigues dos Santos França Leite.

Payé la somme de Rs 540$000 pour timbres et émoluments, ainsi qu'il appert des chiffres portés sur la feuille expédiée à ce jour par ce Secrétariat. Secrétariat du Gouvernement de Saint-Paul, 12 avril 1871. João Carlos da Silva Telles.

Certifié conforme : João Carlos da Silva Telles.

Pour la légalisation de la signature du Dr João Carlos da Silva Telles, secrétaire du Gouvernement de cette province Saint-Paul.

24 avril 1871. Joaquim José Gomes, notaire.

CONTRAT PASSÉ AVEC LE GOUVERNEMENT PROVINCIAL

LE 29 NOVEMBRE 1871

Acte signé par le conseiller Martim Francisco Ribeiro de Andrada, en qualité de fondé de pouvoirs des administrateurs de la Compagnie de « Carris de Ferro » de cette ville.

Le vingt-neuvième jour du mois de novembre 1871, au palais de la Présidence de la province de Saint-Paul, a comparu par-devant Son Excellence M. José Fernandez da Costa Pereira J^or^, Président, le conseiller Martim-Francisco Ribeiro de Andrada, fondé de pouvoirs des administrateurs de la Compagnie « Carris de Ferro » de cette ville, afin de signer, au nom de ses commettants, un contrat modificatif du pacte du 12 avril de la même année, fait avec l'ingénieur Rodrigues dos Santos França Leite pour l'établissement d'une ligne de voitures publiques sur rails en cette capitale et il a été convenu que l'on ferait au susdit contrat les modifications suivantes :

Première. — La largeur entre les faces internes des rails sera de trois pieds et, partout où il y aura des garages ou double voie, de quatre pieds six pouces entre les deux voies.

Deuxième. — Les voitures à voyageurs auront 5 pieds et demi de large et seront à 14 places, l'Entreprise pourra, toutefois, en faire de plus grandes si le mouvement des voyageurs l'exige. Ces voitures seront traînées par un nombre de bêtes variable avec les dificultés à surmonter et capable d'assurer toute sécurité et une vitesse suffisante.

L'Entreprise aura en service le nombre de voitures nécessaire pour que le trafic s'opère commodément pour le public.

Troisième. — Le prix maximum du passage fixé par l'article 14 du contrat du 12 avril de cette année, sera réduit à deux cents reis.

Quatrième. — Le délai fixé par l'article 9 du susdit contrat sera prolongé de deux mois.

Cinquième. — L'approbation est donnée au plan présenté, d'après lequel la ligne partira de la place du Carmo et parcourra, comme artère principale, la rue du Carmo, où elle se divisera en deux tronçons, le premier passant par la Traverse de Santa-Thereza, la place de la Sé, les rues Droite, du Commerce, de Quitanda, S. Bento, place de S. Bento, rue de S. José, montée d'Acù, rue du Séminaire et rue Allègre jusqu'aux gares; le second partant de la rue du Carmo, passera par la place du Valois, la traverse du Palais, la rue de l'Impératrice, pour rentrer dans la rue S. Bento, par la traverse du Rosario.

Sixième. — Si, après que les voitures auront commencé à fonctionner, la Présidence juge convenable de modifier le tracé de façon que l'embranchement de la rue du Commerce se termine dans cette rue, avant d'entrer dans le « Becco do Inferno » et sans se relier à cet endroit à la rue de S. Bento, et que l'embranchement de la rue de l'Impératrice parvenu à la hauteur de l'église du Rosario, prenne par la rue du Rosario et la traverse de Boã Vista jusqu'à la place de S. Bento, où, par une double courbe tangente à la ligne de la rue S. José, il se prolongerait par celle-ci dans la direction indiquée sur le plan, — il aura la faculté de l'ordonner et la Compagnie sera tenue d'exécuter ces modifications dans un délai de six mois à partir du jour où elle en aura reçu l'ordre.

Septième. — Si les travaux relatifs aux modifications dont il s'agit à l'article précédent n'ont pas été exécutés dans le délai fixé, l'Entreprise sera frappée d'une amende de deux cents milreis par mois de retard. L'amende sera doublée si le retard dépasse une année et triplée s'il dépasse deux années. Si après ce délai le changement n'est pas fait, la Présidence pourra prononcer la déchéance du privilège, à moins qu'elle ne juge préférable de continuer à imposer les amendes.

Huitième. — Les amendes dont il est question dans la clause précédente ne pourront être remises qu'en cas de force majeure et sur l'ordre de la Présidence.

En foi de tout ce qui vient d'être stipulé, Son Excellence le Président de la Province ordonne de rédiger le présent acte, qu'il signe, ainsi que le fondé de pouvoirs des administrateurs de l'Entreprise Joao Carlos da Silva Telles, secrétaire de la Province, le soussigné José Fernandes da Costa Pereira J^or^. — Martim Francisco Ribeiro de Andrada comme témoins, Francisco Antonio Dutra Rodrigues, Joaquim Duarte Pimenta Bueno.

Sur timbre de deux cents reis, oblitéré par le conseiller Martim Francisco Ribeiro de Andrada.

Saint-Paul, 29 novembre 1871.

Secrétariat du gouvernement de Saint-Paul, 30 janvier 1872.

Joao Carlos da Silva Telles.

CONTRAT PASSÉ AVEC LE GOUVERNEMENT PROVINCIAL

LE 20 AOUT 1879

Acte signé par M. Guilherme Maxwell Rudge, gérant de la Compagnie « Carris Urbanos » de cette capitale aux fins ci-après mentionnées.

Le vingtième jour du mois d'août 1879, au palais du Gouvernement, a comparu par-devant Son Excellence M. Laurindo Abelardo de Brito, Président de la Province, M. Guilherme Maxwell Rudge, gérant de la Compagnie de « Carris Urbanos », afin de contracter le prolongement des lignes, aux conditions suivantes :

Première. — La Compagnie s'engage à prolonger la ligne de Braz jusqu'au Marco de Meia Legua, vis-à vis la propriété de M. Antonio Teixeira de Carvalho ; — celle de la Luz jusqu'à Ponte Pequena ; — celle de la Constitution, qui prendra par la rue Episcopale jusqu'à la rue Alègre, et de là, se divisera en deux branches : l'une allant par la même rue, la rue du baron de Piracicaba, la rue de la Conceição, la place de Santa-Iphigenia, la rue du même nom, la rue d'Ipiranga jusqu'à celle des Bambous ; l'autre, par la rue Épiscopale, la rue Aurora, la rue des Bambous et la rue d'Ipiranga, où les deux branches se confondront, et d'où suivra une ligne par la rue d'Ipiranga, le Campo-dos-Curros, la rue du Baron-d'Irapetininga, où elle prendra la traverse la mieux nivelée jusqu'à la rue Sete de Abril (ex-rue de la Palha), de là par la rue du D^{or} Antonio da Silva Prado jusqu'à celle de la Consolation et par celle-ci jusqu'à l'église ; la ligne de la place Municipale par la place du Sept-Septembre jusqu'à la route Vergneiro. Le prolongement de la ligne de la gare de la Luz passera devant la gare des marchandises de la Compagnie Sorocabana et prendra par la rue du Général-Osorio jusqu'au Campo da Figueira à l'Arouche et jusqu'à la chapelle de Sainte-Cécile, dès que les habitants auront nivelé la section entre le portail de la propriété du D^{or} Antonio Printo do Rego Freitas et la susdite chapelle, le tout conformément au plan présenté par la Compagnie et revêtu de la signature de son représentant et aux indications à l'encre rouge portées sur la carte.

Deuxième. — Les travaux seront terminés, suivant l'ordre où ils viennent d'être décrits, dans un délai de quinze mois, à dater de ce jour, sous peine d'annulation de la concession.

Troisième. — Cette concession reste subordonnée au privilège primitif et réglée par les conditions générales des traités antérieurs qui n'auraient pas été modifiées par le présent.

Quatrième. — La Compagnie transportera gratuitement dans ses voitures l'Ingénieur du contrôle du gouvernement, le Directeur général des travaux publics, le Chef de police, les Délégués et Sous-Délégués de police de la capitale, le Président de la municipalité et son Ingénieur.

En foi de quoi, Son Excellence M. le Président de la province a ordonné de rédiger le présent contrat. qu'il signe avec le Gérant susnommé M. Guilherme Maxwell Rudge.

Reçu vingt-un mille six cents reis, comme il appert de la feuille datée du 20 courant et signée par le secrétaire du gouvernement, laquelle est mise aux archives de ce secrétariat. José Joaquim Cordoso de Mello, secrétaire de la province, le contresigne.

Sur deux timbres de quatre cents reis, ainsi oblitérés :
Laurindo Abelardo de Brito. Guilherme M. Rudge.

Secrétariat du gouvernement de Saint-Paul.
3 avril 1889.
Alvaro Augusto de Toledo.

Le secrétaire de la province : Estevam Leao Borroul.

CONTRAT PASSÉ ENTRE LE GOUVERNEMENT PROVINCIAL DE SAINT-PAUL ET JUSTO NOGUERRA DE AZAMBUJA ET FRANCISCO A. DE SOUZA PAULISTA

Pour la construction, l'usage et l'exploitation de la ligne de tramways d'Ypiranga,

En vertu des lois provinciales n° 44 du 27 mars 1887 et n° 19 de 20 février 1889.

Le deuxième jour du mois d'avril mil huit cent quatre-vingt-neuf, en cette Ville Impériale de S. Paulo, au Palais du Gouvernement Provincial, par-devant Son Excellence M. Pedro Vicente de Azevedo, Président de la Province, ont comparu :

MM. Justo Nogueira de Azambuja et Francisco Antonio de Souza Paulista, dans le but de contracter la construction d'une ligne de tramways entre cette Capitale et la Colline d'Ypiranga, en exécution de la décision du Gouvernement Provincial du 31 octobre de l'année dernière et par suite de ce que la Compagnie actuelle « Carrio de Ferro » de la capitale n'a pas accepté la préférence qui lui avait été offerte, aux termes de la Loi n° 44 du 27 mars 1887, et il a été convenu ce qui suit :

Premièrement. — En conformité des lois provinciales n° 44 du 27 mars 1887 et n° 19 du 20 février 1889, il est accordé à MM. Justo Nogueira de Azambuja et Antonio de Souza Paulista un privilège pendant cinquante années, à compter de la date du présent contrat, pour, par eux-mêmes ou au moyen d'une Société ou Compagnie, construire, exploiter et jouir d'une ligne de tramways partant de la place de la Sé, dans cette capitale, et aboutissant à la colline d'Ypiranga et pendant la durée du privilège il ne pourra être fait à aucune autre personne ou Compagnie de concession pour l'établissement de ligne de tramways se dirigeant vers la même localité.

Deuxièmement. — La ligne suivra le parcours ci-dessous : Elle partira de la place de la Sé, prendra les rues du Quartel et de la Gloria, et traversant les quartiers de Lavapès et de Cambucy, ira aboutir à la colline d'Ypiranga. Au retour, elle pourra avoir le même trajet ou tout autre dans le périmètre limité par les rues de la Liberdade et de la Moóca, y compris l'avenue de l'Ypiranga, quand elle aura été exécutée : de même, arrivée à Cambucy ou au bout de la rue de la Gloria, elle pourra prendre par les rues existantes ou qui s'ouvriraient et par la rue du Dr Galvão Bueno, la place de Liberdade, la rue de l'Assemblée, les places Municipale et du Quatre-Septembre, et de là, jusqu'au point de départ, et *vice versa.*

Troisièmement. — La ligne de la ville à Ypiranga sera divisée en trois sections, sur lesquelles le prix du voyage sera de 100 reis par section, et ce prix ne pourra dépasser 500 reis pour le voyage aller et retour de la ville à l'Ypiranga. La première section aura pour terminus le bout de la rue de la Gloria ou l'endroit où se trouvait située la propriété qui a appartenu à feu M. le Dr Talcão, la seconde le croisement de la rue Luiz Gama et de l'ancienne route de l'Ypiranga. La fixation de ces points pourra être modifiée ultérieurement, dès que les constructions et l'accroissement de population qui en résultera amèneront à l'entreprise de plus fortes recettes par suite de l'augmentation du nombre des voyageurs.

Quatrièmement. — Les concessionnaires soumettront à l'approbation du gouvernement de la province, dans le délai de quatre mois, à dater de ce jour, le plan du tracé de la ligne, indépendamment des clauses 2e et 5e du présent contrat. Le gouvernement décidera dans le délai de trente jours s'il accepte ce plan et si, à l'expiration de ce délai, il n'a encore rien résolu, le plan sera considéré comme approuvé. Si par deux fois il refuse d'approuver le plan présenté d'accord avec les clauses du présent contrat, les concessionnaires construiront la ligne suivant le tracé indiqué par la clause 2e ou suivant celui qui paraîtrait plus avantageux.

Cinquièmement. — La ligne pourra être plus tard prolongée dans les directions les plus convenables, mais toujours après que le plan ou tracé en aura été approuvé par le gouvernement, et l'on pourra faire tous embranchements ou toutes modifications devenues nécessaires pour la régularité de l'exploitation.

Sixièmement. — Les travaux de construction de la ligne commenceront dans le délai de six mois de la date de la signature du contrat et seront terminés jusqu'à la deuxième section, dix mois après leur inauguration. Quant à la troisième section, elle ne sera commencée que quand il plaira aux concessionnaires, pourvu que les travaux en soient terminés dans les dix-huit mois écoulés après l'inauguration du service des voyageurs sur la première section. Ces délais ne pourront être suspendus que dans un cas de force majeure, dûment prouvé et admis par le Gouvernement.

Septièmement. — La concession tombera *ipso facto* en déchéance, si les concessionnaires ne commencent pas ou n'achèvent pas dans les délais fixés les travaux indiqués dans la clause précédente. Il en sera de même si le service est interrompu pendant plus de six mois, sauf en cas de force majeure.

Huitièmement. — La ligne pourra plus tard être doublée et devra avoir autant de voies d'évitement qu'il sera nécessaire pour la régularité du service, de façon que les voitures n'aient pas à s'arrêter plus de trois minutes sur un garage quelconque. La traction sera animale et l'adoption de tout autre système sera admise, sur l'approbation du Gouvernement.

Neuvièmement. — Les délais pour la construction de chacun des prolongements, lignes et embranchements dont il est question dans la clause 5me seront fixés d'un commun accord entre le concessionnaire et le Gouvernement qui prendra en considération le coût des travaux et les distances à parcourir pour la pose des rails.

DIXIÈMEMENT. — Il est accordé aux concessionnaires un droit de préférence pour la construction de lignes convergentes ou desservant les points intermédiaires.

ONZIÈMEMENT. — Les concessionnaires sont tenus de transporter gratuitement, pendant la durée du privilège : le Président de la Province, son Adjudant, le Chef de police et ses ordonnances, le Président et l'Ingénieur de la Chambre municipale, le Directeur général des Travaux publics, les Autorités de police et Agents de la Force publique en service.

DOUZIÈMEMENT. — Pour la construction des lignes on observera les règles suivantes :

A. Les rails seront du système Vignole ou tout autre plus avantageux, sur l'avis de la Direction générale des Travaux publics ou de l'Ingénieur chargé par le Gouvernement du contrôle de l'Entreprise, et seront posés de façon à ne pas gêner la circulation publique.

B. La largeur de la voie sera déterminée sur le plan dont il est question dans la clause 4°.

C. La face supérieure des rails ne devra pas dépasser le niveau du pavage de façon à ne pas gêner la circulation des véhicules et des chevaux tant en long qu'en travers.

D. La voie sera pavée entre rails et sur 25 centimètres de chaque côté et les concessionnaires devront également entretenir ce pavage le long des voies et à 25 centimètres de chaque côté, là où il existerait déjà et où la municipalité viendrait à l'exécuter.

E. Les concessionnaires sont tenus d'avoir des voitures et fourgons pour voyageurs, bagages et marchandises, distincts ou mixtes, en nombre et capacité suffisants pour les besoins du service; ils pourront également avoir des voitures mixtes pour voyageurs déchaussés et marchandises.

F. Ils devront entretenir les voitures en bon état et en rafraîchir la peinture, de façon qu'elles soient toujours propres.

G. Dans la construction des lignes on cherchera à éviter les inconvénients des courbes et des déraillements.

TREIZIÈMEMENT. — Les concessionnaires organiseront un tarif pour le transport des marchandises et des bagages, dès qu'il leur conviendra d'établir des voitures spéciales à cette fin, ainsi que les règlements ou horaires des départs des voitures et les soumettront au préalable à l'approbation du gouvernement.

QUATORZIÈMEMENT. — Les concessionnaires sont tenus de transporter gratuitement pendant le délai du privilège les malles-poste, les agents des postes et les facteurs en service, et, à moitié prix, les colis du gouvernement central ou provincial ou de la municipalité, ainsi que les bagages des colons et immigrants. Pour remplir la prémière partie de la présente clause, ils pourront prolonger la ligne jusqu'au nouvel édifice où fonctionnera bientôt l'administration des Postes.

Quinzièmement. — Les concessionnaires sont tenus de réparer les pavages endommagés par l'établissement des lignes et sont tenus d'indemniser la municipalité, quand celle-ci aura à exécuter ce service par suite de la négligence ou du refus des concessionnaires.

Seizièmement. — Les concessionnaires pourront, après entente avec la municipalité, faire tous les travaux nécessaires pour rendre plus facile le passage de leurs voitures dans les montées ou autres endroits parcourus par leurs lignes, mais sans entrave pour la circulation publique. Il est entendu qu'après la pose des voies, ils ne pourront défaire ou modifier les pavages sans un nouveau permis de la municipalité, à moins de cas de force majeure, où ils exécuteront les travaux indispensables et urgents en en faisant part sur-le-champ à la municipalité et en prenant à leur charge les frais provenant de la réparation du pavage.

Dix-septièmement. — Toutes les fois que la Municipalité aura décidé la construction ou la reconstruction du pavage dans les rues ou localités où se trouveraient des voies, les concessionnaires ne pourront y mettre aucun empêchement et n'auront droit à aucune indemnité pour l'interruption de leur service, mais la Municipalité sera tenue de rétablir les voies au fur et à mesure de l'avancement des travaux.

Dix-huitièmement. — Les concessionnaires pourront exproprier, conformément aux lois provinciales n° 38 du 18 mars 1836 et n° 22 du 17 avril 1855, les terrains et édifices où il leur conviendra de faire passer leurs lignes de tramways ou qui seraient nécessaires pour y établir des stations, des dépôts de voiture ou de matériel ou toute autre dépendance du service.

Dix-neuvièmement. — Les lignes dont il s'agit dans le présent contrat, ainsi que leurs annexes, pourront, pendant la durée du privilège, traverser sur un ou plusieurs points celles de la Compagnie actuelle « Carris de Ferro de S. Paulo » ou d'autres Compagnies qui viendraient s'établir et les suivre même sur de courts trajets, quand les rues ou chemins le permettront et que cela sera nécessaire pour atteindre leur lieu de destination.

Vingtièmement. — L'entreprise aura son siège dans cette capitale, conformément à l'article 33 de la loi n° 124 du 28 mai 1886.

Vingt-et-unièmement. — A l'expiration du privilège, ou en cas de déchéance, le Gouvernement pourra agir, relativement à de nouvelles lignes, comme il le jugera convenable pour les intérêts de la population sans avoir à indemniser les concessionnaires des services et bénéfices rendus à la capitale par l'établissement des lignes de leur privilège, mais ceux-ci auront de plein droit, conformément aux lois en vigueur, le libre usage, jouissance et disposition du matériel de l'entreprise et des autres biens leur appartenant.

VINGT-DEUXIÈMEMENT. — Les concessionnaires seront passibles d'une amende de cinquante à cent milreis, doublée en cas de récidive, pour chaque infraction à une quelconque des clauses du présent contrat pour laquelle il n'aurait pas été stipulé de peine spéciale.

VINGT-TROISIÈMEMENT. — Le Gouvernement pourra nommer une personne de capacité notoire pour contrôler l'exécution des services de l'Entreprise et pour y faire maintenir la régularité et le bon ordre dans tout ce qui touche à la sécurité publique.

VINGT-QUATRIÈMEMENT. — Toute mésintelligence ou tout cas douteux qui surgirait dans l'exécution du présent contrat sera décidé en dernier ressort par trois arbitres, choisis par le Gouvernement et par les concessionnaires.

VINGT-CINQUIÈMEMENT. — Dans les cas non prévus par le présent contrat, on appliquerait subsidiairement les contrats de la Compagnie « Carris de Ferro de S. Paulo » et les décrets et règlements du gouvernement central.

VINGT-SIXIÈMEMENT. — Les concessionnaires s'engagent à concéder une subvention de six contos de reis par versements mensuels de cent milreis au Lycée du Sacré-Cœur de Jésus des Champs-Elysées en cette ville, pour aider à élever des enfants pauvres. Ces versements commenceront de la date de l'inauguration du service sur les deux premières sections.

VINGT SEPTIÈMEMENT. — Les concessionnaires verseront au Trésor provincial la somme de 500 milreis, en garantie des amendes dont ils pourraient être frappés par suite d'infractions aux clauses du présent contrat et le Gouvernement pourra exiger que ce dépôt soit reconstitué, au cas où il serait diminué avant l'expiration du privilège.

VINGT-HUITIÈMEMENT. — En cas de décès des concessionnaires, les droits et avantages qui leur reviennent ou pourraient leur revenir en vertu du présent contrat et du privilège qu'il confère seront transmissibles à leurs héritiers ou successeurs.

VINGT-NEUVIÈMEMENT. — Toutes les conditions ou clauses du présent contrat, ainsi que les droits et avantages conférés aux concessionnaires en vertu du présent privilège passeront à l'Entreprise, à la Société, aux particuliers ou à la Compagnie qui s'organiserait pour la construction, l'exploitation et la jouissance des lignes ou à qui seraient cédés ces droits et avantages.

Le mot concessionnaires appliqué au cours du présent contrat comprend les Cessionnaires, Compagnie, Sociétés, Entreprise ou Particulier à qui serait faite cession de ce privilège, en tout ou en partie.

En foi de quoi et pour tous effets, on a rédigé le présent acte de contrat que signent Son Excellence M. le Président de la Province et les Concessionnaires.

Payé 112.500 reis de droit de grâces et 1.050.000 reis de timbre et reis additionnels comme il appert du titre de ce jour qui est mis aux archives du Secrétariat du Gouvernement.

Je soussigné ESTEVAM LEAO BOURROUL, secrétaire de la Province, le contresigne.

Sur timbres de la valeur de 1.400 reis, oblitérés comme suit :

S. Paulo, 2 août 1889.

PEDRO VICENTO DE AZEVEDO, JUSTO NOGUEIRA DE AZAMBUJA, FRANCISCO A. DE SOUZA PAULISTA.

Collationné : FRANCISCO LUCIO D'OLIVERA-NETTO.

Vu : ESTEVAM LEAO BOURROUL.

Collationné : UNGUEL MONTEIRO DE GODOY.

CONTRAT ENTRE LE GOUVERNEMENT DE L'ÉTAT DE SAINT-PAUL ET L'ADMINISTRATION DE LA COMPAGNIE FERRO CARRIL DE SAINT-PAUL

Pour la construction des lignes de tramways de Bom Retiro et Bella Vista.

(En vertu de la loi provinciale n° 18 du 18 février 1889.)

Le treizième jour du mois de mars 1890, au palais du Gouverneur, par-devant le citoyen Randolpho Margarido da Silva, président du Conseil d'administration de la Compagnie « Ferro-Carril » de Saint-Paul, dans le but de réaliser la ratification du contrat du 4 avril 1889, avec les modifications apportées aux clauses qui ne se trouveraient pas dans les termes de la loi n° 18 du 18 février 1889, le tout conformément à l'ordre présidentiel du 20 janvier de l'année courante et il a été convenu entre les parties ce qui suit :

1. — Il est accordé à la Compagnie « Ferro-Carril » de Saint-Paul, cessionnaire de Fernand Dumoulin et Victor Nothmann, conformément à la loi n° 18 du 18 février 1889, le privilège, pendant cinquante années, à dater de ce jour, pour la construction et l'exploitation des lignes de tramways qui, partant du centre de cette ville, se dirigeraient vers les quartiers de Bom-Retiro et Bella-Vista, ainsi que pour les embranchements et prolongements à exécuter.

2. — Aussi bien la ligne de Bom-Retiro que celle de Bella Vista auront leur point de départ à la rue de Boã-Vista, au coin de celle du Quinze-Novembre, tant que le viaduc du Chá n'aura pas été inauguré ; après l'inauguration de ce viaduc, le point de départ de la ligne de Bella-Vista sera rue Droite, au coin de la rue S. Bento et la ligne de Bom-Retiro pourra conserver son point de départ primitif.

3. — Au cas où le Gouvernement viendrait à racheter le viaduc du Chá pour le livrer à la circulation publique, la Compagnie « Ferro-Carril » de Bom-Retiro et Bella-Vista aurait seule le droit de se servir de ce viaduc pour ses tramways, en en prenant à sa charge l'entretien pendant la durée de son privilège. Le trajet de la ligne de Bom-Retiro sera :

A. — Rue de Boã-Vista, place de S. Bento, rues Libero-Badaro (ex-José), S. Jean, du Séminaire, de la Gloria, du Brigadeiro-Raphaël-Tobias, traverse du Rink jusqu'à ce que l'on ouvre la nouvelle rue du Docteur Antonio-Francisco de Aguiar e Castro, rues de la Conception et du Bom-Retiro, place des Protestants, rues du Triomphe, Général-Osorio, Andradas et Duque-de-Caxias, avenue des Andradas et Nothmann, prolongement de cette avenue dans le quartier de Bom-Retiro, rue de ce nom jusqu'en face de l'édifice qui a servi d'hôtellerie d'émigrants. Le retour suivra les rues qui conviendraient le mieux dans le quartier de Bom-Retiro, y compris la nouvelle rue que la Compagnie anglaise est en train d'ouvrir, jusqu'au prolongement de l'avenue Nothmann et, de là, prendra les avenues du Triomphe et Ribeiro da

Silva, la rue Visconde de Rio-Branco, l'avenue Glette, les rues du Conseiller-Nebias, Aurora, S. Jean, la place de Paysandù, la traverse de Paysandù, et viendra s'embrancher sur la ligne de l'aller dans la rue du Séminaire de la Gloria.

B. — Dès que le viaduc du Châ aura été construit : rue Droite, viaduc du Châ, rues du Baron-Itapetininga, du Conseiller-Chrispiniano et du Vingt-Quatre-Mai, place de la République, rues Aurora et du Conseiller-Nebias, avenues Glette, du Triomphe et prolongement de l'avenue Glette dans le quartier du Bom-Retiro et, à partir de là, suivant le tracé indiqué sous la rubrique A et prenant, au retour de l'avenue Nothmann, les avenues du Triomphe, Glette et des Andradas, les rues des Andradas, des Gusmães, des Guayanazes, des Tymbiras et Amador-Bueno, la place de Paysandù jusqu'à s'embrancher sur la ligne de l'aller dans la rue du Conseiller-Chrispiniano.

4. — Les embranchements ne pourront être construits qu'au delà de l'avenue Helvetia et vers les nouveaux quartiers de la ville.

L'embranchement des Perdizes est dès à présent concédé, mais aucun de ces embranchements ou prolongements ne pourra être construit sans l'approbation préalable du tracé par le Gouvernement.

5. — La ligne de Bella-Vista aura le trajet suivant : A. (Tant que le viaduc du Châ n'aura pas été inauguré.) Le tracé indiqué dans la clause 3e A jusqu'à la rue du Séminaire, de la Gloria et de là, par la traverse et la place de Paysandù, les rues du Onze-Juin, du Sept-Avril, la place de la République, la rue d'Ypiranga, la traverse de la Consolation, la rue du Dr Martinho-Prado, le remblai de la Rivière Saracura, la rue de Saint-Antoine, et les rues qui conviendraient le mieux dans le quartier de Bella-Vista jusqu'au terminus, au croisement des rues de Santo-Amaro et du Conseiller Ramalho. On pourra construire dans le quartier de Bella-Vista un prolongement par les rues qui conviendraient le mieux, dans la direction de la route Vergueiro pour s'embrancher sur la ligne de la Compagnie Santo-Amaro avec un embranchement vers Bella-Cintra et sous-embranchement vers le cimetière.

Au retour, la ligne suivra une des rues Santo-Amaro ou Saint-Antoine, au choix, jusqu'à la place de Riachudo et, ensuite, la place de la Memoria, la rue Formosa pour s'embrancher sur la ligne de l'aller dans la rue Saint Jean. A l'aller, le tracé pourra aussi être le suivant : place de Paysandù, rues Chrispiniano, Itapetimùga, traverse de Paredão, les nouvelles rues que le citoyen Adolphe Melchert va ouvrir, traversée de la rivière Saracura et enfin les rues du quartier de Bella-Vista.

B. (Dès que le viaduc du Châ aura été inauguré.) Rue Droite, Viaduc, rues du Baron-d'Itapetimùga, du Conseiller Chrispiniano, du Vingt-Quatre-Mai, du Onze-Juin, du Sept-Avril et ensuite par le tracé déjà décrit sous la rubrique A. Au retour, par ce même tracé ou par la traverse du Paredão jusqu'aux rues projetées dans les terrains du citoyen Melchert et, de là, par le tracé sus-indiqué.

6. — Les embranchements et prolongements ne pourront avoir leur point de départ sur la ligne principale qu'au delà de la rue du Dr Martinho-Prado et ne pourront être exécutés sans l'approbation préalable du Gouvernement.

7. — Le prix du voyage sera, sur les deux lignes, de 100 reis par section : les terminus de la première section seront l'avenue Glette et la rue du Dr Martinho-Prado. Les embranchements ou prolongements seront considérés comme sections à part, mais le prix du passage sur ces nouveaux parcours ne pourra pas dépasser 100 reis.

8. — La Compagnie est tenue de présenter dans le délai de quatre mois, à dater d'aujourd'hui, les plans, le profil en long et les sections transversales du projet à exécuter: sur ces documents seront portés les rayons des courbes, les pentes, les croisements avec d'autres voies ferrées, les lignes auxiliaires, etc.

9. — Si le Gouvernement ne fait pas connaître dans le délai de trente jours, sa décision au sujet des plans, ces plans seront considérés comme approuvés.

10. — Les travaux devront commencer dans le délai de six mois et être terminés dans les délais suivants, à dater de ce jour : A, les premières sections des deux lignes une année : B, les secondes sections des deux lignes, une année et demie ; C, achèvement des embranchements et prolongements sus-indiqués dans le présent contrat, trois années.

11. — Cette concession tombera *ipso facto* en déchéance si la Compagnie ne commence pas les travaux dans le délai fixé par la clause précédente, à moins d'un cas de force majeure dûment prouvé et reconnu par le Gouvernement.

12. — De même, à moins d'un cas de force majeure reconnu par le Gouvernement, la Compagnie sera frappée d'une amende de cinquante milreis par jour de retard, si elle ne termine pas les travaux dans les délais fixés par l'article 10.

13. — Pour la construction des lignes on observera les règles suivantes :

§ 1. La largeur de voie ou distance entre rails sera celle des « Carris Urbanos », soit 1m05 dans les alignements droits.

§ 2. L'entre-voie dans les garages et partout où la ligne sera double dépendra du type du matériel roulant soumis à l'approbation du Gouvernement, mais ne pourra jamais descendre au-dessous de 1m10.

§ 3. La longueur des voies de garage sera suffisante pour que deux voitures, à la suite l'une de l'autre sur chaque voie, puissent se croiser dans les deux sens.

§ 4. Le type du rail sera à ornières et approprié au service de tramways et le poids en sera au minimum de 15 kilos par mètre courant. La ligne pourra être, toutefois, composée provisoirement des rails communément en usage ici, jusqu'à l'arrivée des rails à ornières commandés.

§ 5. Les rails à ornières pourront être posés sur traverses en bois ou sur longerons en bois reliés par des traverses ou avoir une infrastructure métallique, à la convenance de la Compagnie, mais en tout cas, après approbation du Gouvernement.

§ 6. La face supérieure des rails restera au niveau du pavage, de façon à ne pas gêner le passage des autres véhicules, soit en long, soit en travers.

§ 7. La voie sera pavée entre les rails et à 40 centimètres de chaque côté.

§ 8. Partout où il existerait déjà, la Compagnie devra entretenir ce pavage, dans les limites fixées au § 7.

§ 9. La ligne sera construite avec une solidité suffisante pour éviter les secousses des voitures et les déraillements.

14. — La traction sera animale ou non. En ce dernier cas, aucun moteur ne sera appliqué sans l'approbation préalable du Gouvernement.

15. — Dans l'exploitation on observera les règles suivantes :

§ 1. La vitesse des voitures ne dépassera jamais 12 kilomètres à l'heure.

§ 2. Cette vitesse descendra à 4 kilomètres à l'heure à tous les carrefours.

§ 3. Les voitures devront s'arrêter dès qu'elles pourraient être abordées par d'autres véhicules.

§ 4. Les voitures seront convenablement éclairées la nuit et auront leur destination bien lisible pour le public.

§ 5. Elles s'arrêteront pour recevoir les voyageurs tant que leur contenance ne sera pas au complet, si ce n'est dans les courbes ou aiguillages, auquel cas l'arrêt se fera ou dans l'alignement ou dans le garage.

§ 6. Elles seront toujours tenues en parfait état de propreté et d'entretien.

§ 7. Les horaires établis seront exactement suivis.

16. — La Compagnie ne pourra se refuser à transporter dans ses voitures aucun voyageur, si ce n'est : A, si le voyageur est ivre et fait du désordre ; B, si le voyageur a une mise indécente.

17. — Outre les voitures à voyageurs, la Compagnie pourra avoir des fourgons à marchandises et à bagages, dont les types devront, comme les premiers, être dûment approuvés par le Gouvernement.

18. — La Compagnie organisera des tarifs pour le transport des marchandises et des bagages et soumettra à l'approbation du Gouvernement les règlements relatifs à ce service.

19. — La Compagnie est tenue de transporter pendant la durée de son privilège :

A. Gratuitement :

§ 1. Le gouverneur de l'Etat, son adjudant, le chef de police et ses ordonnances, le directeur de la surintendance des travaux publics et les chefs de section de cette administration ;

§ 2. Le président de la Municipalité, les membres du Comité des travaux municipaux et les ingénieurs municipaux ;

§ 3. Les autorités de police et les agents de la force publique en service ;

§ 4. Les dépêches, malles-poste et les facteurs en service ;

§ 5. Les colons et leurs bagages ;

B. Avec 50 0/0 de rabais :

§ 1. Les colis municipaux ;

§ 2. Les colis de l'Etat de Saint-Paul ;

§ 3. Les colis du gouvernement fédéral.

20. — La Compagnie est autorisée à faire les remblais et les déblais où ils seraient nécessaires dans les rues de son parcours ; à établir des plans inclinés dans les montées, etc. ; mais elle devra toujours obtenir au préalable, même pour la pose des rails, le permis de la municipalité de Saint-Paul.

21. — La Compagnie ne pourra mettre opposition aux travaux que la Municipalité aurait décidé de faire et ne pourra réclamer de dommages-intérêts pour l'interruption de son service par le fait de ces travaux.

22. — La Compagnie aura la faculté d'exproprier, conformément aux lois provinciales n° 18 du 26 mars 1836 et n° 22 du 17 avril 1855, les terrains ou édifices par où il lui conviendrait de faire passer ses lignes ou qui seraient nécessaires pour l'établissement de stations, de dépôt de voitures ou de matériaux ou de toute autre dépendance du service.

23. — Les lignes dont il est question dans ce contrat et leurs prolongements exécutés pendant la durée du privilège, pourront couper en un ou plusieurs endroits les lignes de la Compagnie « Carris de Ferro de S. Paulo » ou autres qui viendraient à s'établir et les suivre même sur de courts trajets quand les rues ou les localités le permettront et que cela sera nécessaire ou indispensable pour atteindre leur destination. Cette faculté est réciproque pour toutes les Compagnies de tramways de cette capitale.

24. — L'Entreprise aura son siège dans cette capitale, conformément à l'article 33 de la loi n° 124 du 28 mai 1886.

25. — A l'expiration du privilège ou en cas de déchéance, le Gouvernement pourra agir, par rapport à de nouvelles lignes, comme il le jugera préférable pour les intérêts de la population, sans avoir à indemniser le concessionnaire des services et bénéfices rendus à la capitale par l'établissement des lignes de son privilège. Celle-ci, toutefois, aura de plein droit, conformément aux lois en vigueur, le libre usage et la libre disposition du matériel de l'entreprise et de tous les biens lui appartenant.

26. — Le concessionnaire encourra une amende de cinquante à cent milreis, doublée en cas de récidive, pour chaque infraction à l'une quelconque des clauses de ce contrat passible de peine et pour laquelle il n'aurait pas été stipulé de peine spéciale.

27. — Toute mésintelligence ou divergence qui pourrait surgir dans l'exécution de ce contrat sera résolue définitivement par trois arbitres au choix du gouvernement.

28. — Pour les cas non prévus par ce contrat on appliquera subsidiairement les contrats de la Compagnie « Carris de Ferro de S. Paulo » et les décrets, résolutions et règlements du Gouvernement fédéral.

29. — La construction des lignes aussi bien que leur exploitation sera soumise au contrôle de la Surintendance des travaux publics.

30. — La concessionnaire déposera au trésor de l'Etat la somme de cinq cents milreis comme garantie des amendes dont elle pourrait être frappée par suite d'infraction aux clauses du présent contrat. Le gouvernement pourra ordonner que ce cautionnement soit reconstitué si par hasard il venait à être diminué avant l'expiration du privilège.

31. — La Compagnie s'engage à accorder une subvention de huit contos de reis, par versements mensuels de cent milreis, à l'Institut d'Arts-et-Métiers de cette capitale. Ces versements commenceront à partir de l'ouverture des lignes au public.

En foi de quoi, le citoyen gouverneur de l'Etat a fait rédiger le présent acte, qu'il signe avec le citoyen Randolpho Margarido da Silva, président de la direction de la susdite Compagnie. Je soussigné João de Souza Amaral Gurgel, chef de division servant de secrétaire, le contresigne. Président José de Moraes Barro Randolpho Margarido da Silva. — Martin Burchard. J. Augusto Garcia (Sur timbre de la valeur de mille deux cents reis dûment oblitéré).

Vu, signé : Joaô Gurgel. *Collationné, signé :* Oliveira.

LOI PROVINCIALE N° 18 DU 18 FÉVRIER 1889

Je, soussigné Dr PEDRO VICENTE DE AZEVEDO, président de la province de Saint-Paul.

Porte à la connaissance de tous ses habitants que l'assemblée législative provinciale a décrété et que j'ai sanctionné la loi suivante :

ARTICLE PREMIER. — Le gouvernement est autorisé à concéder à Victor Nothmann et à Fernand Dumoulin le privilège pendant cinquante années pour la construction, l'usage et la jouissance de deux lignes de tramways qui, partant du centre de cette ville, se dirigeront vers les quartiers de Bella-Vista et de Bom-Retiro, ainsi que leurs prolongements.

§ 1er. — Sous les mêmes clauses, charges et conditions et avec les mêmes avantages que ceux qui sont offerts par les concessionnaires, il est accordé à la Compagnie actuelle « Carris de Ferro de S. Paulo », un droit de préférence pour demander pour elle-même le privilège en question et signer le contrat respectif, le tout dans un délai de trente jours, à compter de la date de la sanction de la présente loi.

§ 2e. -- Si la Compagnie accepte la présente concession dans les termes sus-indiqués, elle s'engagera à abaisser immédiatement le prix de ses billets de passage d'accord avec les exigences du gouvernement de la province et il sera convenu de plus que :

I. — Les délais fixés par la présente loi ne pourront être prolongés.

II. — Si l'une quelconque des clauses ou conditions n'est pas remplie ou observée, la Compagnie, *ipso facto incorrenda*, perdra tout droit à cette concession, indépendamment de toute déclaration émanant des pouvoirs compétents.

§ 3e. — Si la Compagnie ne demande pas à signer le contrat, dans les termes stipulés aux §§ et nos précédents ou si elle perd cette concession pour l'un des motifs sus-indiqués, les concessionnaires seront appelés à signer le contrat pour l'exécution des travaux et la jouissance du privilège.

ART. 2. — Les concessionnaires pourront exproprier à leurs frais, conformément à la loi n° 36 du 18 mars 1836, les terrains et immeubles nécessaires au passage des lignes, au service de l'Exploitation et à la construction des stations.

ART. 3. — Ils auront le droit d'adopter n'importe quel système perfectionné de traction, de forme de voitures et de construction de voies et ils pourront relier la rue du Vingt-Cinq-Mars à la Vallée de l'Anhangabahu par le percement d'un tunnel sous la rue Florencio de Abreu, afin de raccourcir les distances, de donner plus de rapidité au service et de commodité aux voyageurs, mais sans qu'il doive s'ensuivre aucun risque ou dommage pour la sécurité et la circulation publiques.

L'adoption de tout système perfectionné de traction devra être décidée sur l'avis de la Direction générale des Travaux publics.

Art. 4. — Les dispositions contraires sont rapportées.

J'ordonne donc à toutes les autorités à qui incombent la connaissance et l'exécution de la susdite Loi qu'elles l'exécutent et la fassent exécuter aussi intégralement que ses termes l'exigent.

Que le secrétaire de la Province la fasse imprimer, publier et circuler.

Donné au Palais du Gouvernement de Saint-Paul, le dix-huitième jour du mois de février, l'an mil huit cent quatre-vingt-neuf.

(L. S.) Pedro Vicente de Azevedo.

Charte de Loi par laquelle V. Excellence fait exécuter le décret de l'Assemblée législative Provinciale, qu'elle a bien voulu sanctionner, concédant à Victor Nothmann et à Fernand Dumoulin, le privilège pendant cinquante années pour la construction, l'usage et la jouissance de deux lignes de tramways qui, partant du centre de cette ville, se dirigeront vers les quartiers de Bella-Vista et de Bom-Retiro, ainsi qu'il est déclaré ci-dessus.

Pour la soumettre à l'examen de Votre Excellence.

Antonio Gomeo de Aranjo Junior l'a faite.

Publié au Secrétariat du Gouvernement de Saint-Paul, le dix-huitième jour du mois de février de l'an mil huit cent quatre-vingt-neuf.

Le Secrétaire de la Province,
Estevam Leaõ Bourrouls.

DÉTAILS

SUR LE

RÉSEAU DES TRAMWAYS

LISTE DES RUES DESSERVIES PAR LES TRAMWAYS

Rues pavées.

NOMS DES RUES	LONGUEUR DES VOIES
	Mètres
Remblai du Gazomètre	1.050
Rue du Gazomètre	900
Traverse du Braz	320
Avenue Rangel-Pestana	2.925
Rue Cruz-Branca	480
Florida	225
Monseigneur-Andrade	1.260
du Quartel	385
Traverse de la Sé	40
Place du Sept-Septembre	250
Rue de la Gloire	1.470
Lavapès	325
du Quinze-Novembre	300
Montée João-Alfredo	425
Avenue de l'Intendance	250
Rue Piratininga	950
Place de la Concordia	100
Traverse du Palais	75
Rue de Fundição	50
Place de la Sé	225
Rue Direita	425
Place du Trésor	150
Rue Bocayrua	75
Rue Itapetininga	800
Aurora	730
S. Bento	670
de Florès	100
Place de S. Bento	250
Rue Florencio-de-Abreu	1.100
de l'Estação	1.150
du Bom-Retiro	225
Victoria	775
Santa-Iphigenia	425
des Tymbirao	50
du Vicomte-de-Rio-Branco	875
de l'Ypiranga	850
Episcopale	400
du Brigadier-Tobias	1.025
du Sénateur-Queiroz	225
de Bõa-Vista	100
Docteur-Veridiana	750
du Docteur-Jaguaribe	425
Dª-Maria-Thereza	300
A reporter	23.880

NOMS DES RUES	LONGUEUR DES VOIES
	Mètres
Report	23.880
Rue de S. João	1.195
du Général-Osorio	580
Avenue Firadentes	2.500
Rue du Maréchal-Deodoro	275
du Théâtre	175
Place de l'Assemblée	300
Rue du Sénateur-Feijo	125
Place de S. Francisco	175
Rue de Bõa-Morte	175
de la Liberdade	1.215
Tabatinguèra	250
du Carmo	275
des Florès	100
du Conseiller-Chrispiano	500
Place de Paysandú	700
Traverse de Paysandú	250
Rue des Gusmões	725
du Duc-de-Caxias	330
Avenue du Triomphe	350
Traverse de la Beneficiencia	200
Rue des Protestants	110
du Vingt-cinq-Mars	1.050
S. Caetano	1.100
de l'Hospicio	500
des Immigrants	450
du Conseiller-Nebias	1.000
de la Consolation	1.675
Montée S. João	150
Rue Formosa	550
Place de Piques	100
de Riachuelo	150
Rue S. Antonio	450
de l'Abolition	200
S. Domingos	125
Glycerio	900
Dª-Maria-Antonia	450
Remblai du Braz	475
Place du Rosario	100
Rue du Rosario	700
Christophe-Colomb	125
Traverse des Flôres	120
TOTAL	44.755

Rues non pavées.

NOMS DES RUES	LONGUEUR DES VOIES	NOMS DES RUES	LONGUEUR DES VOIES
	Mètres		Mètres
Rue de l'Oriente	600	*Report*	19.055
du Colonel-Costa	575	Place du Jardin	250
Place de Cambucy	150	du Paysandú	75
Rue de Cambucy	500	Rue du Général-Osorio	110
du Vicomte-de-Parnahyba	550	des Guayanazes	800
Müller	650	Avenue Tiradentes	800
de l'Hippodrome	1.475	Villa Deodoro / Vasconcellos	2.700
Place de la République	200		
Traverse Aurora	50	Route de l'Ypiranga	3.650
Rue Bento-de-Freitas	80	Rue de Cambucy	225
d'Arouche	155	Place des Guayanazes	110
du Marquis-d'Itù	475	Rue Sebastiao-Pereira	275
Cesario-Motta	250	Place Santa-Cecilia	205
Amador-Bueno	250	Rue du Sept-Août	200
des Andradas	150	Santo-Antonio-Prado	450
Avenue des Andradas	750	de la Moóça	2.775
Rue des Italiens	200	de la Caixa-d'Agua	100
Nothmann	325	Benjamin-Constant	225
Traverse de Barra-Funda	250	de la Concordia	825
Rue de Barra-Funda	50	Montée S. João	25
de Barra-Funda	1.800	Rue S. José	150
Caio-Prado	255	Bella-Vista	450
Auhaia	100	S. João	425
Traverse des Guyanazes	80	Traverse du Séminaire	340
Avenue Glette	1.150	Rue Formosa	250
Nothmann	450	Rue S. Amaro	900
Rue Augusta	1.175	Avenue des Bambous	325
Avenue Paulista	1.600	Rue Ypiranga	300
Rue Vieira	250	des Palmeiras	1.150
du Conseiller-Ramalho	925	du Cimetière	250
Helvetia	800	Divers prolongements, garages et raccordements. (Lignes d'Hygienopolis, de Barra-Funda, de Verdiza, des Bambous, etc.)	5.000
du Triomphe	550		
des Immigrants	1.025		
S. Domingos	150		
Pacaembú	1.000		
A reporter	19.055	TOTAL	42.395

Longueur des voies dans les rues pavées	44.755	mètres.
— — — non pavées	42.395	—
TOTAL	87.150	mètres.

LONGUEURS DES LIGNES EXPLOITÉES

	ALLER — Mètres	RETOUR — Mètres
Bonte Grande a Liberdade	4.910	4.895
Avenida Paulista	5.175	5.425
Hygienopolis	3.325	3.575
Consolaçao a Estaçao da Luz (circulaire)	6.350	
Villa Buarque	2.590	2.840
Alameda do Triumpho (via rua Ypiranga)	3.725	3.975
Perdizes (via Balmeiras)	4.225	4.475
— (via Barra Funda)	4.925	5.175
Bom retiro (Conseilheiro Netias)	3.650	3.900
Amador Bueno	3.450	3.700
Rua Victoria	3.750	3.750
Rua Cons. Ramalha, inclusive rua Brig. Fobia	4.500	4.500
Oriente de Mercado	3.225	3.225
Oriente do Largo do Rozario	4.575	4.575
Hypodromo do Mercado	3.750	3.750
Hypodromo do Largo do Rozario	5.100	5.100
Mooca do Mercado	3.898	3.898
Mooca do Largo do Rozario	5.498	5.498
Immigraçao do Mercado	4.000	4.000
— do Largo do Rozario	5.350	5.350
Villa Marianna	6.976	6.976
Rua de S. Jouo Sainte Cécilia	2.700	2.950
Rua Aurora Sainte Cécilia	3.400	3.400
Bom Retiro, via rue Immigrants	2.950	2.950
Rua dos Gusmoes	3.525	3.775
Belemzinho do Largo do Razario	5.133	5.133
Ipiranga	7.200	7.200
Cambucy as Larg da Sé	3.200	3.200
Cambucy do Mercado	3.025	3.025
Mooca pelo Hospicio	2.250	2.250
Braz Jardim	3.600	3.600
Braz de Mercado (até a pnteiva)	3.210	3.210
Braz A Largo de Rozario	4.685	4.685

RAPPORT DE M. STARK

SUR LA

CHUTE DE PARNAHYBA

RAPPORT DE M. STARK

Ingénieur de MM. Ganz et Cie

Chargé par la Cia Nucleos Agricolos et Industriaes de l'étude de la chute de Parnahyba sur le rio Tiété, nous avons fait un travail rapide, qui nous a été grandement facilité par les documents qui nous ont été remis par MM. Bueno de Andrade, tels que plans et profils en long, que nous n'avons eu qu'à vérifier.

Des diverses mesures et expériences réalisées pendant les journées des 8, 9 et 10 juin 1892, des renseignements, que nous nous sommes procurés sur les lieux, en plus de ceux que nous avions déjà eus, nous avons déduit les résultats suivants que nous avons l'honneur de porter à la connaissance de MM. les Président et Directeurs de la Cia Nucleos Agricolos et Industriaes :

1° Rendement de la chute avec la hauteur minima des basses eaux, débit par seconde .... $42^{m3}884$

2° Rendement de la chute avec la hauteur des basses eaux ordinaires, par seconde .... $78^{m3}971$

3° Rendement de la chute avec hauteur des grandes eaux ordinaires, par seconde .... $143^{m3}703$

4° Rendement de la chute avec les plus grandes eaux extraordinaires, par seconde .... $409^{m3}670$

N'ayant ici à nous occuper que du rendement minimum de la chute puisque c'est sur ce rendement seul que peuvent être établis les calculs de rendement de force, nous laisserons de côté les eaux ordinaires et les grandes eaux et nous déduirons du rendement minimum les résultats suivants :

La chute totale de la chute est de $20^{m}60$, mais d'une part la grande épreuve, qu'il y aurait à faire dans la première partie de cette chute pour obtenir une hauteur de 3 mètres ou environ, n'étant pas compensée par le rendement qu'elle donnerait; d'autre part la différence que nous avons entre les hauteurs minima de la rivière et les hauteurs par grandes crues nous ont amené par mesure d'économie à prendre pour base de nos calculs seulement une hauteur de 16 mètres.

Nous avons donc :

Force en kilogrammètres au pied de la chute, 686.144 kilogrammètres.

Force en chevaux au pied de la chute, 9.148 chevaux.

Quoiqu'il soit prouvé par de nombreuses expériences, que l'on peut compter sur des rendements à la turbine de 0,80 et 0,85, nous avons pris pour base de nos calculs 0,75, ce qui nous donne un rendement qui peut être considéré comme le plus grand minimum, savoir :

$$9.148 \times 0,75 = 6.861,44 \text{ chevaux-vapeur.}$$

Nous allons maintenant transporter cette force à Saint-Paul au moyen de courants électriques et comme dans le cas précédent nous allons calculer les pertes possibles dans leur plus grand maximum (ces grands maxima nous proviennent des dernières expériences) et nous avons :

1° Perte au générateur 10 °/o de 6.861,44 = 686,14. Reste 6.175,30.

2° Perte par transport, calculée comme celui de la plus grande économie, en comparant les prix de revient de chaque cheval perdu avec les intérêts du coût des conducteurs pour la ligne électrique, 12 °/₀ de 6.175,30 = 741,03. Reste 5.434,27.

3° Perte par transformation des courants de haute tension en courants de basse tension, et répartition 10 °/₀ de 5.434,27 = 543,42. Reste, 4.890,85.

Il nous reste donc à notre arrivée à Saint-Paul une force de 4.890 chevaux que nous pouvons, sans crainte de nous tromper, porter en chiffre rond à 5.000 chevaux, attendu que nous avons compté les pertes les plus grandes possibles et les *rendements* minima.

Dépenses à faire pour obtenir à Saint-Paul une force de 5.000 chevaux provenant de la chute de Parnahyba :

Moteurs à Parnahyba :

12 turbines	Fr.	144.000
5 petites turbines pour les dynamos		35.000
Tuyautage, obturatenrs, etc.		80.000
	Fr.	259.000
Montage, 8 °/₀		23.000
Transports, douanes et frais, 20 °/₀		55.800
Total des moteurs à Parnahyba	Fr.	337.800

Partie électrique :

12 machines électriques, appareils de mesure et réglage, conduite dans l'usine, éclairage de l'usine, etc., etc	Fr.	780.000
Montage, 12 °/₀		93.000
Transports, douanes, etc., 20 °/₀		156.000
Total du coût de la partie électrique	Fr.	1.029.000

Conduite de Parnahyba à S. Paulo :

213.000 kilogrammes de cuivre à 2 francs le kilogramme	Fr.	426.000
1.100 poteaux de fer avec leurs isolateurs, embasements, etc		550.000
Paratonnerres et autres appareils de sûreté		5.000
	Fr.	981.000
Montage, 15 °/₀		147.150
Transports, douanes, etc., 20 °/₀		196.200
Total du coût des conduites	Fr.	1.324.350

Tour de distribution :

Transformateurs, conduites, etc	Fr.	590.000
Montage, 10 °/₀		59.000
Transports, douanes		30.000
Total du coût de la tour de distribution	Fr.	679.000
Ligne téléphonique, laboratoire, ateliers, etc., etc	Fr.	20.000

Constructions à Parnahyba et à Saint-Paul, telles que salles de machines, fondations, habitations d'une partie des ouvriers, etc. Fr. 300.000

Canal d'arrivée des eaux depuis le barrage jusqu'à l'endroit où l'on produira la chute.

La longueur totale de ce canal qui devra être porté sur viaduc dans trois endroits est de 1.400 mètres et la dépense à faire, y compris le barrage supérieur, est évaluée à........................Fr. 1.250.000

RÉSUMÉ :

Dépense des moteurs à Parnahyba.............................Fr.	337.800
— de la partie électrique.....................................	1.029.000
— pour conduites..	1.324.350
— pour tour de distribution..................................	679.000
— pour ligne téléphonique, etc...............................	20.000
— des constructions..	300.000
— du canal d'amenée des eaux................................	1.250.000
TOTAL des dépenses.............................Fr.	4.940.150

Si nous considérons le change à 10 1/2 nous avons pour valeur du franc environ 900 reis ce qui, en transformant les francs en monnaie du pays, nous donne une dépense en reis de 4.446:135$000 reis.

Maintenant que nous avons, pour un coût de 4.446:135$000 reis, une force disponible à Saint-Paul avec les appareils de transformations et de répartitions nécessaires, de quelle manière peut-on utiliser cette force ?

La dépense à faire pour cela et les revenus sur lesquels on pourrait compter ?

La plus grande utilisation que l'on pourrait faire, selon nous, serait celle de l'éclairage particulier et public, ce qui nécessiterait la dépense suivante :

1° 1.000 lampes à arc pour les rues..........................Fr.	1.000.000
2° Câbles, transformateurs, etc., pour 1.000 lampes à arc et 20.000 lampes à incandescence (éclairage particulier).................	1.500.000
Coût de l'éclairage particulier et public.............Fr.	2.500.000

La force nécessaire pour cet éclairage serait de 3.000 chevaux. Il resterait encore à notre disposition une force de 2.000 chevaux dont 1.000 pourraient être utilisés pour le service des bonds et 1.000 pour l'industrie privée.

Voyons maintenant quel serait le revenu donné par une dépense de capital si considérable.

Les renseignements que nous possédons nous permettent seulement de faire le calcul du rendement de l'éclairage particulier qui est le suivant :

20.000 lampes à incandescence à 5$000 par mois et par lampe donne un revenu par année de Rs **1.200:000$000**, 1.000 lampes à arc à 500$000 = Rs **500:000$000.**

Ce qui nous donne, rien que pour l'éclairage particulier, un rendement de 16,60 % du capital total dépensé.

Nous avons encore à recevoir le prix de l'éclairage public que, faute de renseignements précis, nous ne pouvons donner, plus une force de 2.000 chevaux disponible.

Il n'est donc pas exagéré de déduire de ces données que l'affaire de la chute de Parnahyba, bien utilisée, quoique nécessitant un fort capital, est une affaire très bonne pour la Société et ses actionnaires, elle donnera certainement un rendement brut supérieur de 30 % aux sommes qui y seront dépensées.

La Fazenda do Moinho, propriété de la Compagnie Nucleos sur la rive gauche du Rio-Tiété et les autres terrains appartenant à la même Compagnie se trouvent dans une position superbe, arrosés qu'ils sont par de nombreux ruisseaux. Une partie de ce terrain se trouve déjà en exploitation, la canne à sucre y pousse admirablement ; nous avons traversé un champ dans lequel la hauteur des cannes n'était pas moindre de 2m80 et elles n'étaient pas encore arrivées à leur pleine maturité. Une autre grande partie se trouve recouverte de bois de constructions et de chauffage, dont le produit dirigé sur Saint-Paul suffirait presque au défrichement du terrain. Derrière le terrain ayant appartenu à M. Paulo Alvez et à petite distance il existe de grandes carrières de pierre calcaire. L'extraction en serait facile et la construction de fours à chaux serait une nouvelle source de revenu pour la Compagnie.

Mais le meilleur parti à tirer de la situation serait d'établir dans la propriété une culture de canne à sucre et une distillerie. L'eau-de-vie fabriquée à Parnahyba jouit d'une très bonne réputation et son prix est toujours plus élevé de 10 à 15$000 reis que le prix de celle fabriquée dans les environs.

La production de cette année s'est élevée à environ 750 pipes d'eau-de-vie et plus de 40 % de la canne à sucre s'est trouvé perdu faute d'établissements pour en tirer parti. Un grand nombre de propriétaires ayant commencé à en cultiver ont renoncé à leur idée, voyant l'impossibilité de profiter de leurs récoltes, qu'ils ont été obligés de laisser perdre sur pied.

Une raffinerie et une distillerie donneraient donc aussi de très bons résultats. Mais ce qu'il faut après cela et même avant si c'est possible, c'est un moyen de communication de Parnahyba à Barnery.

Il existe bien une route, mais elle ne peut pas servir pour le transport. Une ligne de chemin de fer à voie étroite est indispensable entre ces deux points. Le moteur est à côté, il n'y a qu'à prendre la force disponible de la chute et la conduire aux wagons sous forme de courants électriques.

Une force de 500 chevaux serait suffisante pour les wagons et l'installation des raffineries et distilleries. L'étude de ces bonds a déjà été faite par M. Bueno de Andrade et se trouve entre les mains de la Compagnie.

Il est aussi une culture, celle du ricin qui se ferait à merveille dans les terrains de Parnahyba et qui donnerait de bons résultats. Avant 1868, le Brésil fournissait à l'Europe des millions de l'huile qui porte le même nom. Depuis cette époque l'exportation s'est amoindrie chaque année. Pourtant, depuis la découverte récente faite par un savant chimiste suisse, l'huile de ricin peut être épurée et rendue soluble et peut servir à l'alimentation ; elle ne cède en rien une fois bien préparée, aux meilleures huiles d'olives. La culture est très facile, d'un prix très peu coûtant et pourrait augmenter sensiblement les revenus de la Compagnie sans débours de grand capital.

São Paulo, 30 juin 1892.

Signé : STARCK.

DONNÉES STATISTIQUES

SUR

L'ÉTAT ET LA VILLE DE SAINT-PAUL

DONNÉES SUR SAINT-PAUL

ÉTENDUE

33.635.150 mètres carrés, suivant les limites établies pour la perception de l'impôt prédial pendant l'exercice de 1893-1894 et que l'on voit sur le plan de la ville à l'échelle de 1/10.000.

POPULATION

La population de la capitale est évaluée à 250.000 habitants.

NOMBRE D'ÉDIFICES

Le nombre d'édifices compris dans le périmètre urbain et lancés à la perception en 1895 pour le paiement de l'impôt est de 18.505.

ETABLISSEMENTS INDUSTRIELS FIN 1894

Fabriques, ateliers et autres	109
Ouvriers employés	5.670
Force en chevaux-vapeur	2.864

ÉTABLISSEMENTS DE CRÉDIT, BANQUES

Les principales banques sont au nombre de douze, soit comme banques, succursales et maisons de change dignes de mention, dont le capital versé s'élève à peu près à 50.000 : 000 $ 000 de reis.

FINANCES MUNICIPALES

Recettes en 1895	Rs	2.388 : 732 $ 618
Dépenses en 1895	Rs	1.843 : 395 $ 445

MOUVEMENT DE LA BOURSE EN 1895

Importance des transactions	Rs	10.730 : 290 $ 700

N. B. — Ce nombre ne représente peut-être pas le tiers de la valeur des opérations sur titres mobiliers, car celles-ci sont en général faites directement.

PRIX DES TERRAINS EN DIFFÉRENTS ENDROITS DE LA CAPITALE

ENDROITS	PRIX PAR MÈTRE		
Du Belemzinho au Maroc de Meia Legua	2.000 Rs	à	5.000 Rs
Du Belemzinho à Penha	500	»	2.000 »
A la quatrième halte	500	»	1.000 »
A la cinquième halte	500	»	800 »
A la sixième halte	500	»	600 »
Tatuapé	1.000	»	2.000 »
Mooca (partie haute)	500	»	800 »
Villa Prudente	400	»	500 »
Ypiranga	1.000	»	4.000 »

ENDROITS	PRIX PAR MÈTRE			
De villa Deodoro à villa Marianna	1.000	Rs	5.000	Rs
De la rue Vergueiro à villa Marianna	5.000	»	20.000	»
De la rue Vergueiro aux terrains de la baronne de Limeira rue Brigadier Luiz Antonio et alentours	10.000	»	30.000	»
Avenue Paulista	10.000	»	25.000	»
Bexiga	6.000	»	12.000	»
Perdizes, point terminus des tramways	1.000	»	5.000	»
Barra Funda	7.000	»	20.000	»
Plaine de Saint'Anna	1.000	»	6.000	»
Cimetière	1.000	»	20.000	»
Pacaembu	2.000	»	20.000	»
Saint'Anna	500	»	2.000	»

Dans la plupart des transactions, la vente se fait par mètre courant de terrain sur 40 mètres de fond. Des renseignements aimablement fournis par le docteur Antonio de Toledo Piza il résulte les prix suivants par mètre courant :

Du ruisseau Anhangabahu jusqu'à la rue Ypiranga	Rs	3 : 000 $ 000
De la rue Ypiranga jusqu'à la rue Duque de Caxias	Rs	2 : 000 $ 000
De la rue Duque de Caxias à Santa Cécillia	Rs	1 : 200 $ 000
Dans le quartier du Bom Retiro	Rs	500 $ 000
Environs de la Honte grande (sur le Tiédé et Saint'Anna)	Rs	400 $ 000

RICHESSE DE L'ÉTAT DE SAINT-PAUL

On peut se faire une idée de la richesse de l'Etat de São-Paulo par les données que nous avons réunies ici :

SUPERFICIE

290.876 kilomètres carrés.

POPULATION

Les travaux relatifs au dernier recensement n'étant pas encore conclus, on calcule que la population de l'Etat est approximativement de 2.000.000 d'habitants.

Il y a eu cependant pendant ces sept dernières années une augmentation dans la population d'un tiers.

IMMIGRATION

Sans parler de l'immigration constante des nationaux des autres Etats, qui n'est pas à négliger, soit à cause du nombre, soit à cause des capitaux qu'ils ont introduits dans l'Etat, l'immigration étrangère proprement dite, qui depuis 1887 a reçu une impulsion décisive, a eu ces dernières années le mouvement suivant :

En 1891, sont entrés	108.736	immigrants
En 1892 —	41.061	—
En 1893 —	81.745	—
En 1894, à cause de la révolte, ce chiffre est tombé à	34.091	
et en 1894, une fois l'ordre rétabli, est remonté à	114.709	

et continue depuis lors suivant les mêmes proportions.

RECETTE DE L'ÉTAT EN 1894

Rs. . . . . 59.246 : 142 $ 294

IMPORTATION EN 1895 (par Santos)

Valeur officielle . . . . Rs 54.933 : 275 $ 319
Droits . . . . Rs 39.979 : 777 $ 779

EXPORTATION EN 1894

Valeur officielle . . . . Rs 233.272 : 305 $ 958
Impôts . . . . Rs 25.628 : 033 $ 023

MOUVEMENT DU PORT DE SANTOS EN 1895

Navires entrés 1.181
Navires sortis 1.178

PASSAGERS

Entrés 122.797
Sortis 28.026

NAVIGATION DE CABOTAGE EN 1894

Sont entrées 222 embarcations, soit :
Nationales 168
Etrangères 54
Avec : hommes d'équipage 5.028
Jaugeant : tonneaux 173.930
Et représentant un nombre de chevaux de 57.638

NAVIGATION FLUVIALE

Longueur des lignes :
Compagnie Paulista . . . . 200 kilomètres
— Union Sorocaba et Ytuana . . . . 220 —
— Sul Paulista . . . . 356 —

AGRICULTURE

La culture prédominante est celle du café qui se développe continuellement par la création de nouvelles plantations et l'augmentation des anciennes.

L'exportation du café en 1895, seulement par le port de Santos, s'est élevée à . . . . 270.000 tonnes.

LIGNES DE CHEMINS DE FER
(en 1895)

15 en exploitation sur une étendue de . . . . 2.927 kilomètres
6 en construction . . . . 511 —
13 concessions . . . . 1.921 —
34 — 5.359 kilomètres

DIVISION PAR VOIES

Voie de $1^{m}60$	161	kilomètres
— $1^{m}36$	9	—
— $1^{m}05$	21	—
— $1^{m}00$	1.994	—
— $0^{m}96$	280	—
— $0^{m}60$	162	—
	2.927	kilomètres

LIGNES SECONDAIRES QUI DESSERVENT DES ÉTABLISSEMENTS AGRICOLES ET INDUSTRIELS

		Voie	Longueur	
1	Tramway vicinal de Ribeirao Preto	$0^{m}60$	31	kilomètres
2	— de Sao-Simao à Serra Azul	$0^{m}60$	30	—
3	— de Sorocaba à Itaporanga	$0^{m}60$	13	—
4	— Balnearia Santo-Amaro	$1^{m}00$	6	—
5	— Taubaté à Tremembé	$1^{m}00$	9	—
6	— Pedreira à Juquery	$0^{m}60$	6	—
7	— Villa Raffard à Itupeva	$0^{m}96$	8	—
8	— Engengo central de Lorena	$1^{m}00$	8	—
9	— Montebello	$0^{m}60$	18	—
10	— Cayeras	$0^{m}60$	45.500	
11	— Engengo central de Piracicaba	$0^{m}96$	8	—
12	— Fazenda de Pantojo	$0^{m}80$	6	
13	— Fazenda Santa-Etelvina	$0^{m}80$	13	—

CHEMINS DE FER

		Voie	Longueur	
1	Chemin de fer central du Brésil	$1^{m}60$	41	kilomètres
	— — —	$1^{m}00$	233	—
2	São-Paulo Railway Company Limited	$1^{m}60$	139	—
3	Compagnie Paulista de Vias Ferreas	$1^{m}60$	281	—
	— — —	$1^{m}00$	471	—
	— — —	$0^{m}60$	41	—
4	Compagnie Mogyana	$1^{m}00$	767	
	— —	$0^{m}60$	41	—
5	Compagnie Union Sorocabana et Ytuana	$1^{m}00$	399	—
	— — —	$0^{m}96$	280	—
6	Compagnie Bragantina	$1^{m}00$	52	—
7	— Itatibense	$1^{m}00$	20	—
8	— Viação Rio et São-Paulo	$1^{m}00$	18	—
9	Chemin de fer Bananalense	$1^{m}00$	11	—
10	The Minas and Rio Company Limited	$1^{m}00$	23	—
11	Embranchement Dumont	$0^{m}60$	24	
12	Compagnie Embranchement Campineiro	$0^{m}60$	43	—
13	— Carris de Ferro S. Paulo S. Amaro	$1^{m}05$	21	
14	— Viação Paulista	$1^{m}36$	9	—
15	Tramway de la Cantareira	$0^{m}60$	13	—
	Total		2.927	kilomètres

PHOTOGRAPHIES

SÃO-PAULO RAILWAY COMPANY LIMITED

(Capital £ 3.000.000)

La plus grande partie du mouvement d'importation de l'Etat se fait par la ligne de Santos à Jundiahy qui passe par la ville de São-Paulo.

Ce chemin de fer, mis en exploitation le 17 février 1867, est à voie de 1^{m}60 et son développement total est de 139.206 mètres ou 21.1 lieues brésiliennes, soit : Santos à São-Paulo 78.470 mètres, et de São-Paulo à Jundiahy 60.736 mètres.

Au point de vue de sa situation, ce chemin de fer se divise naturellement en trois sections distinctes, à savoir : celle du littoral, de la montagne et du plateau.

Première section. — De Santos à Raiz da Serra (pied de la montagne), comprend une longueur de 22 kilomètres.

Deuxième section. — Cette section s'étend de Raiz da Serra jusqu'à Alto da Serra et est desservie au moyen de plans inclinés. Ces plans sont au nombre de quatre et leurs longueurs respectives sont de : 1.947^{m}06, 1.780^{m}64, 2.095 mètres, 2.138^{m}78, soit une extension totale de 7.961^{m}48. La pente est de 10^{m}25 °/₀. Le mouvement se fait au moyen de câbles d'acier et de machines fixées situées à chacun des paliers supérieurs des plans.

Troisième section. — Du haut de la Serra jusqu'à Jundiahy sur une longueur de 109 kilomètres. Les altitudes des différents points au-dessus du niveau de la mer sont les suivantes :

Santos 1^{m}07, Raiz da Serra 6^{m}67, Alto da Serra 799 mètres, São-Paulo 736 mètres et Jundiahy 706 mètres.

Santos est en communication avec São-Paulo par quatre trains de passagers, durée du trajet 2 h. 15.

São-Paulo est en communication avec Jundiahy par cinq trains quotidiens, durée du voyage 1 h. 20.

Le mouvement de l'exploitation pendant les dix dernières années a été le suivant et démontre le degré de prospérité et de progrès de l'Etat.

RECETTE BRUTE		PASSAGERS			
ANNÉES	REIS	1re CLASSE	2e CLASSE	3e CLASSE	4e CLASSE
1885-86.....	5.575:376$600	50.334	141.388		191.732
1886-87.....	7.853:562$780	56.160	153.636	22.351	232.147
1887-88.....	5.534:162$120	68.162	185.367	61.914	315.443
1888-89.....	8.230:871$710	86.011	210.507	111.061	407.579
1889-90.....	6.873:717$120	102.646	232.584	11.574	346.804
1890-91.....	8.411:543$540	199.086	343.730	92.694	635.510
1891-92.....	10.470:053$040	280.173	509.668	113.363	905.204
1892-93.....	11.391:801$870	436.755	622.258	109.871	1.168.881
1893-94.....	9.870:615$480	362.527	608.743	27.729	998.999
1894-95.....	17.570:886$970	317.471	649.126	125.745	1.092.342

Les tarifs ont été augmentés.

MARCHANDISES

ANNÉES	CAFÉ	COTON	SEL	SUCRE	DIVERS	CHARBON	BRIQUES. Tuiles, etc.	BAGAGES d'Immigrants	TOTAUX
	Tonnes	Tonnes	Tonnes	Tonnes	Tonnes	Tonnes	Tonnes	Tonnes	Tonnes
1885-86	99.251	563	20.354	8.994	89.421	23.396	48.951		290.873
1886-87	157.077	33	19.484	22.201	103.399	30.847	61.503	881	395.416
1887-88	66.857	44	17.778	14.175	124.245	33.120	93.120	1.907	351.951
1888-89	158.053	53	27.144	16.919	160.301	36.995	90.185	1.977	491.627
1889-90	110.821	218	25.092	27.067	199.113	50.290	121.650	158	534.389
1890-91	182.208	542	24.059	33.430	240.986	45.810	152.260	1.532	680.857
1891-92	224.489	250	21.613	38.200	289.596	65.529	228.013	1.973	869.663
1892-93	191.851	140	26.667	40.992	346.445	86.544	208.241	981	901.861
1893-94	99.913	306	28.675	40.293	311.879	90.384	185.752	317	757.519
1894-95	248.653	1.593	27.770	52.110	390.127	102.781	218.012	3.940	1.044.986

Mouvement financier du premier semestre de 1895 des principaux chemins de fer de l'Etat.

NOMS DES CHEMINS DE FER	RECETTES	DÉPENSES	SOLDE
São Paulo Railway Cie Limited	7.969:339$320	3.658:566$360	4.310:772$960
Compagnie Paulista	7.013:344$385	3.132:150$005	3.881:194$380
Compagnie Mogyana	5.507:125$080	3.867:890$559	1.639:234$521
Compagnie Union Sorocabana et Ytuana	2.838:596$220	1.543:042$170	1.295:554$050
Compagnie Bragantina	169:427$970	112:733$970	56:694$000
Compagnie Itatibense	64:911$660	39:194$189	25:717$471
Compagnie Embranchement Campineiro	113:706$905	101:450$380	12:256$570
SOMME	23.676:451$840	12.455:027$933	11.221:423$952

www.ingramcontent.com/pod-product-compliance
Ingram Content Group UK Ltd.
Pitfield, Milton Keynes, MK11 3LW, UK
UKHW021103270726
13993UKWH00006B/807

9 782329 458878